人生で起こること　すべて良きこと

逆境を越える「こころの技法」

田坂広志

PHP文庫

○本表紙図柄＝ロゼッタ・ストーン（大英博物館蔵）
○本表紙デザイン＋紋章＝上田晃郷

新たな文庫版に寄せて

本書は、二〇一五年に、『人生で起こること　すべて良きこと』という書名で、単行本として上梓され、二〇一七年に、『逆境を越える「こころの技法」』と書名を改め、ＰＨＰ文庫として上梓された著書です。

一方、二〇二二年にＰＨＰ文庫から上梓された『すべては導かれている』が、お陰様で、二年間で二〇刷、四万部を超え、多くの方々にお読み頂いています。

そこで、この『すべては導かれている』の姉妹本でもある本書を、このたび、新たな文庫版として上梓する運びとなりました。

こうした人生の深淵と叡智を語った私の著書には、現在、一六刷、一六万部を超える『運気を磨く』や、八刷、一七万部を超える『死は存在しない』がありますが、併せて本書も、多くの方々にお読み頂ければ幸いです。

二〇二四年一二月一九日

田坂広志

はじめに

いま、本書を手に取ってくださった、あなたへ。

このご縁に、深く感謝します。

もし、それが、いま、書店の店頭で、この本を手に取られただけのご縁であるとしても、その一瞬のご縁に、感謝します。

なぜなら、それは、決して「偶然の出来事」ではないからです。

本書では、人生の岐路で気づきを得る「五〇の言葉」を語っていますが、その中の一つに「人生で起こること、すべてに深い意味がある」という言葉を掲げ、「偶然の出来事に意味を感じる」ことの大切さを語っています。

様々な問題に悩まされる日々の中で、「偶然」と思える出来事に、何かの「意味」を感じ取る、何かの「声」を聴き取る、何かの「メッセージ」を読み取る。

そうした「こころの習慣」を持つだけで、その問題を巡る風景が、全く違って見えるようになります。そして、答えの方向を感じ取れるようになります。

そして、その「こころの習慣」を、意識的に実践する「こころの技法」にまで深めることができるならば、あなたの人生が、大きく変わり始めます。

もし、あなたが、いま、苦労や困難、失敗や敗北、挫折や喪失といった「逆境」の中にあるならば、「人生で起こること、すべてに深い意味がある」と心の中で唱え、その「意味」を考えながら目の前の「逆境」に向き合ってみてください。

必ず、あなたの心の奥深くから、その「逆境」を越えていくための力と叡智《えいち》が湧き上がってきます。

もし、あなたが、いま、人生を分ける「岐路」に立っているならば、「自分の人生は、大いなる何かに導かれている」と心の中で唱え、その「岐路」を静かに見つめてみてください。

必ず、あなたの心の奥深くから、その「岐路」での正しい選択を導く声やメッセージが聞こえてきます。

本書は、人生の逆境や岐路において、その逆境を乗り越え、岐路で賢明な選択を行い、人生を拓《ひら》いていくための、実践的な「こころの技法」を述べたものです。

では、なぜ、「こころの技法」が大切か。

実は、我々が、人生の「逆境」において、それを乗り越えられないのは、「逆境の厳しさ」そのものよりも、我々の「心の姿勢」に真の原因があります。

また、人生の「岐路」において、正しい選択ができないのも、「選択の難しさ」そのものよりも、我々の「心の姿勢」に原因があります。

それゆえ、昔から、「心構え」や「心の置き所」といった言葉で、「心の姿勢」の大切さが語られてきたのです。

しかし、どれほど「感謝の心を大切にしよう」と思っても、嫌いな相手に対して「感謝する」ことは難しい。どれほど「自分の可能性を信じよう」と思っても、不安な状況の中で「自分を信じる」ことは難しい。

それが「心」というものです。

「心」というものは、どれほど「このような心であるべき」と理想を念じても、その通りにはならない厄介なものです。

そこで、本書では、その「心の姿勢」を変えるための実践的な「こころの技法」を、「正対の技法」「解釈力の技法」「引き受けの技法」「内省日記の技法」「死生観の技法」など、著者の体験を紹介しながら、具体的に説明しました。

これらの技法は、日々の仕事や生活で実践できる素朴なものですが、それを実践するならば、なぜか、不思議なほど「心の姿勢」が変わっていきます。

もし、あなたが、いま、仕事や生活において難しい問題に直面しているならば、これらの技法の中で、自分に向いていると思うものを実行してみてください。

必ず、あなたの中から、問題の解決に必要な力と叡智が湧き上がってきます。

その「こころの技法」の実践の第一歩として、まずは、本書において述べた「五〇の言葉」を読んでみてください。そして、それらの言葉の中で、いま、あなたに響く言葉を、心の中で唱えてみてください。

その最も素朴なことを行うだけで、何かが変わり始めます。

これから、様々な「こころの技法」を、分かりやすい対話形式で語ります。

あなたも、この対話に参加しながら、読み進んで頂ければ幸いです。

二〇一七年一〇月一二日

田坂広志

人生で起こること　すべて良きこと

目次

人生で起こること　すべて良きこと

「逆境」を越える「究極の言葉」とは何か

――田坂先生、先生は、著書や講演において、次のように言われていますね。

人生において、
苦労や困難、失敗や敗北、挫折や喪失といった「逆境」に直面したとき、
心の中で、「人生で起こること、すべて良きこと」と思い定めると、
必ず、道は拓ける。

田坂　そうですね。

人生で起こること、すべて良きこと

それは、「逆境」を越える「究極の言葉」だと思っています。

――先生のこの言葉は、実は、とても深いことを言われているのかと思いますが、やはり、誰といえども、仕事でトラブルに巻き込まれて大変な苦労をしたり、人生を賭けて始めた事業に失敗したり、自分や家族が大きな事故に遭ったり、重い病気になったりしたとき、「人生で起こること、すべて良きこと」とは、思えないのではないでしょうか？

田坂　その通りですね。私自身も、昔から、どのような出来事があっても、「人生で起こること、すべて良きこと」と思い定められたわけではありません。

私もまた、人生において様々な逆境が与えられたとき、その当初は、色々な感情や思いが交錯し、悩んだり、苦しんだりしました。

しかし、悪戦苦闘しながらも、それらの逆境を乗り越えたとき、その歩みを静かに振り返ると、不思議なほど、「人生で起こること、すべて良きことであった」との感懐《かんかい》が心の中に生まれてくるのですね。

そして、そうした体験を重ねながら人生を歩んでくると、ある年齢を超えた時代から、何か深刻な出来事に直面すると、自然に「人生で起こること、すべて良きこと」という言葉が心に浮かび、その言葉が口をついて出てくるようになったのです。そして、この言葉を心に思い定めるとき、その出来事に取り組む力が湧いてくるようになったのですね。

――先生は、経歴を拝見すると、順風満帆の人生を歩んでこられたように見えるのですが、ご自身は、どのような逆境を体験してこられたのでしょうか？

田坂　私は、あまり自分の体験してきた逆境を語ることはしないのですが、折角のご質問ですので、敢えて、お答えしておきましょう。

物心ついた頃は、母が大病を患《わずら》っていました。子供の頃、生家はそれなりの事業を行っていたのですが、その事業が不況に陥ってからは、貧しさの極みも体験しました。また、友達と遊んでいて大怪我をし、現在も、そのときの障害を持っています。小学校の頃は、転校が多かったため、友達も少なく、全く目立たず、勉強のできない生徒でした。中学校や高校の頃から少しは勉強をするようになりましたが、運の悪いことに、大学受験当日の朝には、腎臓結石を発病し、七転八倒するほどの痛みのなか、鎮痛剤を飲みながら試験を終え、その後、二週間入院するという体験もしました。大学へは一九七〇年入学でしたので、あの政治の季節、嵐のような学生運動も体験しました。その後、研究者を目指して大学院に行き、博士号を取得したのですが、大学に職がなく、研究者の道を諦めて、民間企業に就職するという挫折も体験しました。そして、その企業で務めているとき、大病を患い、医者からも見放され、文字通り、生死の境を体験しました。また、そうした自分の体験に加えて、言葉に尽くせぬ苦労をしてきた両親を、十分な親孝行をすることもできず、幸せな老後を送らせてあげることもできず、看取ることになりました。

――そうですか……。それは、単なる経歴だけからは伺えない、先生の意外な姿ですね……。先生は、文字通り、色々な逆境を体験してこられたのですね。

田坂　いや、世の中には、私が体験した逆境よりも、もっと重く、深刻な逆境を体験されている方が、数多くいらっしゃると思います。私が、あまり自分の体験してきた逆境を語らないのは、人生には、私よりも、もっと重い荷物を背負って歩まれている方がいることを知っているからです。

ただ、一つ言えることは、学歴や職歴という情報だけでは、実際に、その人が、どのような逆境を体験してこられたかは、分からないのですね。世の中で順風満帆に活躍されているように見える人が、実は、想像を絶する逆境を越えてきた人であったり、現在も、言葉にできない逆境の中にあるといったことは、しばしば人生の真実なのですね。

――たしかに、外から見ていると、絵に描いたような「幸せな家庭」と見える家族が、実は、深刻な「家庭の不和」を抱えているといった例も、決して珍しくないですね……。

その意味で、先生もまた、経歴だけからは想像できない様々な人生の逆境を体験してこられたのかと思います。そして、そうした実体験から、

人生において「逆境」に直面したとき
「人生で起こること、すべて良きこと」と思い定めると
必ず、道は拓ける

と言われているのかと思います。
では、なぜ、この言葉を心に思い定めると、道が拓けるのでしょうか？

田坂　「人生で起こること、すべて良きこと」と思い定めると、目の前の逆境に「正対」する力が湧いてくるからです。

――「正対」する力ですか……？

田坂　そうです。そもそも、我々が逆境を越えられないのは、我々の心が、その逆境に「正対」できていないからなのです。その逆境に「正対」する、すなわち、

「正面」から向き合わなければならないにもかかわらず、心が、別な方向を向いてしまっているからなのです。

――なぜ、我々は、逆境において、それに「正面」から向き合い、「正対」することができなくなるのでしょうか？

なぜ、我々は、逆境に「正対」できないのか

田坂　それは、逆境に直面したとき、「なぜ、こんなことになったのか……」という過去への後悔や、「これから、どうなってしまうのか……」という未来への不安に、「心のエネルギー」の大半を使ってしまうからです。そのため、目の前の逆境に対して、「この逆境を、どう越えていくか」と正対して考えることができなくなってしまうのです。

――たしかに、そうですね……。私自身も、過去において深刻なトラブルに直面したとき、頭では、必死に、「このトラブルを、どう乗り越えるか」と考えようとするのですが、心の中では、「なぜ、こんなことに……」や、「これから、どうなる

のか……」という思いが渦巻くため、なかなか、その問題に正対できなかったですね……。

田坂　それは、誰でもそうですね。誰もが、逆境に直面した直後は、その心の混乱に陥ります……。問題は、その後です。

当初、様々な心の混乱はあっても、時間が経つとともに冷静さを取り戻し、さらに、「人生で起こること、すべて良きこと」と思うことができるようになれば、目の前の逆境に正対する力が湧いてくるのですね。

――それは分かるのですが、やはり、我々は、それほど簡単に「人生で起こること、すべて良きこと」とは思えないのではないでしょうか？　特に、肉親や最愛の人を亡くしたときや、自分が生死に関わる病気になったとき、家族が理不尽な犯罪に巻き込まれたときなど、とても、そうは思えないのではないでしょうか？

田坂　その通りですね。だから、その逆境において、「人生で起こること、すべて良きこと」などとは、とても思えないときは、まず、次の言葉を、心に思い定めることです。

人生で起こること、すべてに深い意味がある

すなわち、いま、自分の人生に起こった出来事が、ただちに「良きこと」と思えないとしても、その出来事には「深い意味」があると、思い定めることです。

もし、それができるならば、それだけで、心の中で、何かが大きく変わり始めます。

――「人生で起こること、すべてに深い意味がある」……ですか。

その言葉ならば、受け入れられるような気がします。「すべての出来事に意味がある」とは、まだ、思えませんが、「この出来事には、何か意味がある」という感覚は、人生において、ときおり、心に浮かびますね……。

田坂　それもまた、誰もが経験している感覚ではないでしょうか。
そして、実は、「この出来事には、何か意味がある」という、その感覚こそが、

逆境を越える「こころの技法」

を身につけていくための、大切な出発点なのですね。
なぜなら、その感覚を抱いたとき、我々は、すでに、目の前の逆境に正面から向き合い、心で「正対」をし始めているからです。

――なるほど、その感覚が、出発点ですか……。
では、その「こころの技法」とは、どのような技法なのでしょうか？

田坂　「こころの技法」とは、「内省を深める言葉」によって「気づき」を得る、そして、「内省を深める技法」によって「心の姿勢」を変えていく、具体的・実践的な技法のことです。

――では、その「内省を深める言葉」とは、どのような言葉でしょうか？

田坂　先ほど述べた、「人生で起こること、すべて良きこと」や「人生で起こること、すべてに深い意味がある」といった言葉は、いずれも、我々の「内省」を深めてくれる言葉です。

――では、それらの言葉によって「気づき」を得るとは、それらの言葉の「意味」を深く理解するということでしょうか？

田坂　いえ、そうではありません。言葉による「気づき」とは、単に、その言葉の「意味」を「頭」で理解することではなく、その言葉が、自身の「体験」と共鳴することによって、「心」が大きく動くことです。

例えば、「人生で起こること、すべてに深い意味がある」という言葉を読んだとき、ただ、それを「知識」として解釈し、「頭」で理解しただけでは、それを「気づき」とは呼びません。

しかし、この言葉を読んだとき、自分の過去の「体験」が心の中に浮かび、心の中を巡り、「そうだ、あの体験は、やはり深い意味があったのだ……」と思えたとしたならば、それは、まさに「気づき」を得た瞬間です。

――なるほど、「内省を深める言葉」による「気づき」とは、そういうことなのですね。どこまでも、自身の過去の「体験」が大切になるのですね……。

では、「内省を深める技法」とは、どのようなものでしょうか?

田坂　その技法も含めた「こころの技法」を語ることが、この対話の目的ですので、これから、順を追って、話をしていきましょう。

これから、逆境を越えるための「こころの技法」について、様々な「内省を深める言葉」と「内省を深める技法」とともに、述べていきたいと思います。

誰も大声では語らない「人生の真実」とは何か

田坂　まず冒頭、「人生で起こること、すべて良きこと」という言葉を述べましたが、この言葉は、決して、人生に対する「安易な楽観」を述べたものではありません。むしろ逆に、この言葉は、人生における「冷厳な真実」を直視することによって、語られるべき言葉です。

それは、本当は、誰もが知っていながら、誰も大声では語らない「人生の真実」。我々の人生に、厳然と存在している真実です。

――誰も大声では語らない「人生の真実」ですか……。それは、何でしょう?

田坂　一言で申し上げましょう。

人生において、「成功」は約束されていない

その真実です。

――人生において「成功」は約束されていない……ですか……。

しかし、世の中には、「成功を心に強く描けば、必ず実現する」「必死の努力をすれば、必ず成功する」といったメッセージを語る識者が、数多くいますね。

田坂　たしかに、世の中には、そういったメッセージが溢れています。

なぜなら、誰もが、人生において「成功」を掴みたいと願っているからです。そして、誰もが、その人なりの精一杯の努力をしているからです。

だから、こうしたメッセージは、ある意味で、そうした願いを抱き、努力をする人々への「温かい励まし」として語られているのでしょう。

従って、こうしたメッセージを語る識者の方々の気持ちは、とても温かいものと思うのですが、しかし、一方で、「人生において、成功は約束されていない」という真実は、厳然と存在しているのですね。

――厳然として存在している……。

田坂　そうです。厳然として存在しています。

なぜなら、人生においては、「勝者」の一方に、必ず、「敗者」があり、「成功」の一方に、必ず、「失敗」があるからです。

そして、人生においては、その「勝利」や「成功」が、ほんのわずかの偶然で、手許から逃げていってしまうことも、しばしばあります。

例えば、二〇〇五年のアカデミー賞・作品賞を受賞した映画に、『ミリオンダラー・ベイビー』という名作があります。この映画の主人公マギーは、貧乏のどん底にありながらも、ボクシングでの成功を夢見て、トレーナーのフランキーとともに猛特訓を重ね、勝利を重ねていきます。しかし、人生の大成功を目前にした、ある試合において、相手の一瞬の反則による転倒事故で、全身が不随となる怪我を負い、ボクサーとしての成功を失ったばかりか、人生そのものを失ってしまいます。

クリント・イーストウッドが監督を務めたこの作品が、多くの観客の共感を得たのは、「努力をすれば、必ず成功する」というアメリカン・ドリームよりも、たった一つの小さな出来事で、目の前の人生の成功が逃げていくことが、否定できない「人生の真実」であることを、多くの人々が知っていたからでしょう。

――たしかに、あの映画は、タイトルだけを見ると、貧乏のどん底からボクシング一つで大成功を手にしていくヒロインの物語、まさに映画『ロッキー』のような、アメリカン・ドリームを体現した作品かと思いましたが、描かれている物語は、全く逆でしたね……。

田坂　そうですね。描かれているのは、人生の大成功を目前にした「挫折」の物語ですね……。

同様に、我々の人生においては、例えば、スポーツの決勝戦において、たった一つのミスで優勝を逃してしまうこともあります。また、新たな事業を立ち上げ、軌道に乗るかと思った矢先に、病気になってしまい、その事業の成功を逃してしまうこともあります。

すなわち、人生において、「成功」は約束されていない。

それが、冷厳な「人生の真実」ではないでしょうか。

――たしかに、人生においては、そうしたことはあると思いますが、では、先生は、人生において「成功」を目指しても、意味が無いと言われるのでしょうか？

田坂　いえ、そうではありません。

人生において、何かの目標を持ち、その達成を目指して歩む姿、その「成功」を目指して歩む姿は、尊い姿と思います。

しかし、「人生において、成功は約束されていない」という厳然たる真実の前で、我々が、一度、自らに問うてみるべき「問い」があります。

もし、最大限の努力を尽くしたにも関わらず、その目標が達成できず、成功が逃げていったとき、それでもなお、自分を支えるものを持っているか?

——自分を支えるもの、ですか……。

田坂　そうです。世の中で語られる「成功を心に強く描けば、必ず実現する」「必死の努力をすれば、必ず成功する」といった言葉だけを支えに、成功を目指して邁進していった場合、もし、何かの出来事が原因で、その成功が逃げていったとき、自分を支えることができなくなるでしょう。そうしたとき、強い虚脱感に襲われ、ときに、深い虚無感に囚われてしまうでしょう。

人生において大切なことは、そのような形で成功が逃げていったとき、それでもなお、自分を支えるものを持っている、ということではないでしょうか。

——たしかに、そうかもしれません……。では、そうしたとき、我々は、何をもって自分を支えていくべきなのでしょうか?

田坂 その問いに対する答えは、先ほど述べた、「人生において、成功は約束されていない」という言葉に続くべき、もう一つの言葉の中にあります。

それは、次の言葉です。

しかし、人生において、「成長」は約束されている

——人生において、「成長」は約束されている……、ですか……。

田坂 そうです。人生において、何かの目標を持ち、その達成を目指して歩んだとき、どれほどの努力をしたとしても、その「成功」は約束されていません。

しかし、もし、本当に力を尽くして歩んだならば、何かの出来事によって、その目標が達成できなくとも、人生に「正対」する心の姿勢を失わないかぎり、我々は、必ず「成長」していけるのですね。一人の職業人として、一人の人間として、必ず「成長」していけるのです。

――すなわち、「成長」は約束されていると……。

田坂　そうです。人生において、何かの目標を持ち、その達成を目指し、思いを込め、力を尽くして歩むならば、我々は、必ず、「成長」していけます。どのような苦労や困難も糧として、一人の職業人として「成長」していけます。一人の人間として「成長」していけます。

その「成長」は、必ず、約束されているのですね。

――なるほど、従って、我々は、その「成長」を目指して歩むべきだと言われるのですね？

田坂　そうです。我々が、「成功」だけを目指して歩むかぎり、人生の出来事は、成功という「良きこと」と、失敗という「悪しきこと」に分かれてしまいます。そして、不幸にして、その失敗という「悪しきこと」に直面したとき、我々の心は挫《くじ》けてしまいます。

しかし、「成功」とともに、「成長」を目指して歩むならば、人生の出来事は、それが、どれほどの「失敗」であっても、どれほどの「逆境」であっても、我々が、人生に「正対」する心の姿勢を失わないかぎり、必ず、それを「成長」に結びつけていくことができるのです。そして、そのことを通じて、「失敗」や「逆境」を、「良きこと」へと転じていくことができるのですね。

だから、私は、「人生で起こること、すべてに意味がある」と申し上げるのであり、さらに、「人生で起こること、すべて良きこと」と申し上げるのですね。

――　なるほど……、冒頭の先生の言葉の意味が、少し、見えてきました……。

田坂　そうですね。だから、我々は、人生の「逆境」を前にしたとき、その逆境に「正対」し、次の言葉を心に抱くべきでしょう。

人生において、「成功」は約束されていない
しかし
人生において、「成長」は約束されている

何があろうとも、人生において「成長」は約束されています。「成長」していくための「こころの技法」を掴んでいれば、いかなる「逆境」がやってきても、それを糧として、我々は「成長」していけるのですね。

――また、そうして、いかなる失敗や挫折があっても、心が挫けることなく、それを深い学びの機会として「成長」を続けていけば、長い人生において、次の機会に「成功」を掴むこともできるのでしょうね……。

田坂　それも「人生の真実」と思います。

――　では、その「成長」のための「こころの技法」とは、どのようなものでしょうか？

なぜ、日本人は、「逆境」を尊いものと思うのか

田坂　その「こころの技法」の第一は、「逆境観」を定めることです。

――「逆境観」……ですか？　それは、何でしょうか？

田坂　「逆境観」とは、人生において、苦労や困難、失敗や敗北、挫折や喪失といった「逆境」に直面したとき、その「逆境」を、どう受け止めるか、どう捉えるかという心構えのことです。
「逆境」を糧として「成長」していくためには、実は、この「逆境観」を定めることが、極めて大切なのですね。

――その「逆境観」を、どのように定めれば良いのでしょうか？

田坂　「逆境」というものを、肯定的に受け止め、前向きに捉えることです。なぜなら、我々日本人は、昔から、「逆境」というものを、尊いものと思ってきたからです。

――日本人は、「逆境」を尊いものと思ってきたのですか……。それは、本当でしょうか？

田坂　それは本当です。昔から、日本においては、「艱難《かんなん》、汝《なんじ》を玉にす」という言葉が語られてきました。また、戦国武将、山中鹿之介が、「願わくば、我に、七難八苦を与えたまえ」と天に祈り、三日月に祈ったという逸話も、多くの人々に好まれ、語り継がれてきました。

このように、日本人は、「逆境」というものに対して、それが「己を磨くもの」であると受け止め、極めて肯定的な「逆境観」を持ってきたのですね。

――しかし、それは、古い時代の話で、現代では、そうした「逆境観」は、あまり若い人々の心に響かないのではないでしょうか？

田坂　たしかに、そうかもしれません。しかし、現代でも、そうした「肯定的な逆境観」は、一流のプロフェッショナルの間では、ごく自然に語られています。

一つの象徴的なエピソードを紹介しましょう。これは、他の著書でも、しばしば紹介しているものですが、野球のイチロー選手のエピソードです。

彼が、二〇〇四年に「年間安打二六二本」の史上最高記録を達成する前のことですが、アスレチックスのハドソンという投手に、何試合も抑え込まれました。

そのとき、あるインタビュアーがイチロー選手に、こう聞いたのです。

「イチローさん、あのアスレチックスのハドソン投手は、できれば対戦をしたくない『苦手のピッチャー』ですか?」

この質問に対して、イチロー選手は、こう答えました。

「いいえ、彼は、私というバッターの可能性を引き出してくれる素晴らしいピッチャーです。

だから、私も練習をして、彼の可能性を引き出せる素晴らしいバッターになりたいですね」

――なるほど……、さすがイチロー選手ですね。彼にとって、「苦手のピッチャー」は、自分の可能性を引き出してくれる「素晴らしいピッチャー」なのですね。

田坂 そうですね。そして、このエピソードは、単なる「野球論」を超え、深い「人生論」ですね。このイチロー選手の言葉は、我々が人生において「逆境」というものを、どう受け止めるべきかについて、大切なことを教えてくれています。

「逆境」とは
自分の可能性を引き出してくれる
素晴らしい「成長の機会」である

イチロー選手の言葉は、そのことを教えてくれているのですね。

――そう考えると、このイチロー選手の言葉は、先ほどの山中鹿之助の言葉、「我に、七難八苦を与えたまえ」と繋《つな》がるものがありますね。

田坂　その通りです。そして、こうした「逆境観」は、優れた武将の世界や一流の野球選手の世界だけでなく、かつて、この日本においては、普通の人々の間でも語られてきたものです。

例えば、日本においては、昔から「良い苦労」という言葉が語られてきました。

かつての日本企業では、定年退職を迎えた社員は、退職記念の送別会などでの挨拶で、しばしば、「この企業に勤めて四〇年、良い苦労をさせて頂きました」などと語りました。そして、さらに続けて、「お陰で、成長させて頂きました」といった言葉を語りました。

――「良い苦労」ですか……。

田坂　そうです。日本人にとって、「苦労」とは、決して「悪いもの」でも、「避けたいもの」でもないのですね。「苦労」にも「良い苦労」というものがあることを、我々日本人は知っているのです。そして、我々は、「良い苦労」をすることによって、「成長」できることを知っているのです。

だから、日本企業の職場では、昔から、「仕事を通じて己を磨く」といった言葉が語られ、仕事の苦労を通じて成長していくことを大切にする「仕事観」が語られてきたのですね。

――それは、日本人にとっては、「仕事観」だけでなく、「人生観」でもあると言われるのですね……。

田坂　そうです。日本人は、人生においても、「良い苦労」をすることを大切にしてきたのですね。

だから、かつての日本人にとっては、人生の選択は、「どちらが楽か」で選ぶべきものではなかったのです。むしろ、「どちらが良い苦労ができるか」で選ぶものだったのですね。

そして、それが「良い苦労」であるならば、自ら求めて、その「苦労」をするべきと考えてきたのです。

その根底には、日本人の「人間成長」を大切にする「人生観」がありました。

——「かつての日本人にとっては……」と言われるのは、「現代の日本人」からは、そうした「価値観」や「人生観」が失われているということでしょうか……。

田坂　残念ながら、そう言わざるを得ないですね。書店に並ぶ書籍を見ても、雑誌の特集を見ても、「いかに楽をして」「いかに苦労せず」「いかに要領よく」「いかに時間をかけず」といった、安直なメッセージが溢れています。そうしたメッセージの洪水が、我々の心の中に、「苦労」や「困難」を避ける気持ちを生み出してしまっています。

――現代の日本人にそうした傾向があることは、その通りだと思うのですが、やはり、誰にとっても、苦労や困難を「素晴らしい機会」と思うことは、難しいのではないでしょうか?

田坂　たしかに、現代を生きる若い世代の方々に、「艱難、汝を玉にす」という言葉や、山中鹿之介の「願わくば、我に、七難八苦を与えたまえ」と祈った逸話を語っても、それを理解することは難しいかもしれません。

しかし、静かに考えてみれば、世代を超えて変わらぬ、一つの真実があります。

それは、我々が、一度、自分の人生を振り返り、一つの問いを自問してみると見えてくる真実です。

自分は、これまでの人生において、
どのようなとき、成長することができたか？

その問いです。

――どのようなとき、成長したか……ですか？

田坂 そうです。その問いを、自らに問うてみると、一つの真実が見えてくるのではないでしょうか。

それは、決して、「安楽だったとき」ではないでしょう。「順調だったとき」ではないでしょう。

我々が、一人の職業人として、一人の人間として成長したときとは、ほとんどの場合、「苦しかったとき」や「辛《つら》かったとき」だったのではないでしょうか。

仕事や人生において与えられた苦労や困難のとき、光が見えぬ中を歩み、悪戦苦闘しながら、その闇を抜け、壁を越えたとき、ふと振り返れば、我々は、大きく成長していたのではないでしょうか……。

だから、我々は、「逆境」において、次の言葉を心に刻むべきなのでしょう。

「逆境」とは
自分の可能性を引き出してくれる
素晴らしい「成長の機会」である

――たしかに、この言葉は、大切な言葉ですね……。

ただ、仕事や人生における「逆境」が、苦労や困難と呼べるものであり、「素晴らしい成長の機会」であると受け止められるものであるならば良いですが、やはり、人生においては、ときに、生死に関わる大事故や大病など、「過酷」と呼ぶべき体験がありますね。そのような体験においては、気持ちが挫けそうになり、心が折れそうになることもありますね。

そうしたとき、我々は、どのようにして、自分を支えることができるのでしょうか？

人生の分かれ道で、真に「運命」を分けるものは何か

田坂　それこそが、今回の対話における、大切な問いですね。
ただ、その問いに答えを見出したいならば、さらにもう一つ、次の問いを問うてみるべきでしょう。
人生の分かれ道で、真に「運命」を分けるものは、何か？

――真に「運命」を分けるもの……、それは、何でしょうか？

田坂　そのことを教えてくれる、ある象徴的なエピソードを紹介しましょう。

ある男性が、米国に出張中、自動車を運転していて酷い交通事故に巻き込まれ、大怪我を負い、運び込まれた病院で、左足を切断する結果になりました。

本人は、「一瞬の事故で、人生を棒に振ってしまった！」と悲嘆の底にありましたが、日本から駆けつけた奥さんは、病室に入るなり、何と言ったか。

その奥さんは、旦那さんを抱きしめ、こう言ったそうです。

「あなた！　良かったわね！　命は助かった！　右足は残ったじゃない！」

これは実際にあった話ですが、この話は、我々に大切なことを教えてくれます。

何が起こったか
それが、我々の人生を分けるのではない

起こったことを、どう「解釈」するか
それが、我々の人生を分ける

すなわち、人生で起こったことを「解釈」する力、「解釈力」。

それが、我々の人生の分かれ道で、真に「運命」を分けるのですね。

――なるほど……、人生の「解釈力」ですか……。

このエピソードは、「コップに残った半分の水」の喩えに似ていますね。「もう半分しかない」と考えるか、「まだ半分ある」と考えるかですね？

田坂　たしかに、世の中で、そうした「コップの水」の喩えは、しばしば使われますが、このエピソードとは全く違うものです。

なぜなら、このエピソードは、文字通り、「命が懸っている場面」であり、「人生が懸っている場面」だからです。その「コップの水」の喩えとは「切実さ」が全く違うのです。

「コップの水」の場面は、人生が懸っている場面ではないため、安易に「もう半分しかない」と考えてしまうのが人情ですが、この「交通事故」の場面は、人生のぎりぎりの場面であるため、逆に、腹を定められるのですね。

安易な救いの無い場面だからこそ、腹を定められる、覚悟を定められる。
そして、腹を定め、覚悟を定めたとき、不思議なことに、我々の心の奥深くから、力が湧き上がってくるのですね。

――先生が、そう言われるのは、先生自身が、かつて「生死の境」を体験されたからでしょうか……？

田坂　そうですね。私自身、かつて大病を患い、医者からも見放され、もうどこにも救いの無いとき、不思議なことに、その極限の場面で、心の奥深くから力が湧きあがってきた体験があります。

人間というものは、我々が思っている以上に、「強さ」を持っているのですね。そして、「生命力」を持っている。

ただ、人生の逆境において、まだ退路があり、逃げがあり、救いがあるかぎり、その「強さ」や「生命力」が現れてこないのも、また、一つの真実なのですが。

——どうすれば、その「強さ」が現れてくるのでしょうか？

田坂　「生死の境」というほどの厳しい体験を乗り越える「強さ」は、それほど容易には現れてきませんが、先ほど申し上げた「逆境観」と「解釈力」を身につけておくと、それぞれの体験の厳しさに応じて、それを越える「強さ」が現れてきます。

——「逆境観」というのは、人生において与えられる様々な逆境を、自分が成長できる素晴らしい機会であると受け止める心構えのことですね。「解釈力」とは、逆境が与えられたとき、その逆境を、肯定的に受け止め、前向きに捉え、解釈する力のことですね。

田坂　そうです。しかし、実は、逆境において、我々の中から、本当の「強さ」や「生命力」が現れてくるのは、心の中に、最も肯定的な「逆境観」や「解釈力」を摑んだときなのですね。

――それは、どのような……？

田坂　誤解を恐れずに、申し上げましょう。

この逆境が与えられたのは
大いなる何かが、自分を育てようとしているからだ

その感覚を心に抱き、その最も肯定的な「逆境観」や「解釈力」を摑んだとき、我々の中から、想像を超えた「強さ」と「生命力」が現れるのですね。

――先生は、その「大いなる何か」が存在すると言われるのですか？　「神」や「仏」のようなものが存在すると言われるのですか？

田坂　いえ、「大いなる何か」が存在するか、「神」や「仏」が存在するかは、人類数千年の歴史の中で、未だ誰も、科学的には、それを証明していないのですね。

そのことは、確かな事実なのです。おそらく、これから人類の歴史が数千年続いても、科学的に証明されることはないかもしれません。

ただ、一つ言えることは、人類の歴史を振り返るならば、過酷な逆境を越えて優れた事業を成し遂げた指導者など、この「大いなる何か」が存在すると信じた人間が、想像を超える「強さ」や「生命力」を発揮した例は、枚挙にいとまがないのですね。そのこともまた、確かな事実なのです。

従って、私が、ここで、「この逆境が与えられたのは、大いなる何かが、自分を育てようとしているからだ」と思い定めることの大切さを申し上げているのは、神や仏が存在するという「宗教的信条」を述べているのではなく、あくまでも、我々の中から想像を超える「強さ」や「生命力」を引き出す「心理的技法」、すなわち、「こころの技法」として述べているのですね。

そして、私のこの立場は、この対話を通じて、一貫しています。

――すなわち、先生は、「宗教的信条」を述べているのではなく、あくまでも「心理的技法」を述べていると言われるのですね？

田坂　そうです。従って、この後、私の話の中で、「祈り」という言葉が出てくるかと思いますが、それらも、すべて、我々の中から、「心の強さ」と「生命力」を引き出すための「心理的技法」、逆境を越える「こころの技法」として述べていると、理解して頂ければと思います。

「神や仏が、いるか、いないか」という、まさに「神学論争」をするよりも、我々にとって大切なことは、目の前の逆境を越える「心の強さ」を自身の中から引き出すことであり、病を克服する「生命力」を引き出すことであり、自身の中に眠る「素晴らしい可能性」を引き出すことなのですね。

　私が、この対話を通じて読者の方々に申し上げたいことは、人類の宗教や文化、習俗や風習の歴史の中から生み出されてきた様々な「心理的技法」を、現代に適した、誰にでも使える技法として発展させ、洗練させながら、良き人生を歩むために活用していくことの、大切さなのですね。

——　分かりました。それが、先生が、「こころの技法」という言葉を使われる理由なのですね。

なぜ、「成功」や「勝利」のとき、我々は学べないのか

――それでは、質問ですが、我々は、たしかに、人生の「逆境」のとき、多くを学び、成長すると思いますが、では、なぜ、我々は、人生の「順境」のとき、すなわち、「成功」や「勝利」のとき、「逆境」のときほど、学び、成長していくことができないのでしょうか？

田坂　その理由は、明確です。

「慢心」するからです。

人間は、「順境」のとき、「成功」や「勝利」のとき、必ずと言って良いほど、心に「慢心」が忍び込むのですね。それは、悲しいかな、我々人間の姿です。たとえ「勝って兜《かぶと》の緒《お》を締めよ」と自戒し、表層意識では、「謙虚であろう」と努めても、その「慢心」は、密やかに、深層意識に忍び込むのですね。

そして、その「慢心」が、目を曇らせる。特に、「成功」や「勝利」で有頂天になっているときは、自分が見えなくなってしまう。そのため、その体験を冷静に振り返り、そこから、学ぶことも、成長することもできなくなってしまうのですね。

逆に、「失敗」や「敗北」のときは、たしかに辛く、苦しい状況ではありますが、人間は、自然に「謙虚」な気持ちになっているので、その体験から、深く学び、成長していけるのです。

――心に「慢心」が忍び込むこと、その「慢心」が目を曇らせることは、分かりましたが、もし、相当な克己心を持ち、決して「慢心」をせず、「謙虚」な気持ちを持ち続けることができれば、我々は、「成功」や「勝利」からも学ぶことができるのでしょうか？

田坂　良い質問ですね……。実は、我々が、「成功」や「勝利」のとき、学び、成長していけないのには、もう一つ、理由があります。
そのことも、昔から語られる格言に示されています。

勝ちに、不思議の勝ちあり
負けに、不思議の負けなし

すなわち、我々が、物事に成功したり、勝利したときには、一つ、二つの要因で成功し、勝利しているのではなく、様々な要因がバランス良く結びついて成功し、勝利しているのですね。また、そのバランスの中で、失敗要因が、たまたま救われていることもある。だから、その成功要因や勝因を分析しようとしても、なかなかうまく分析できないのです。

しかし、物事に失敗したり、敗北したときには、様々な要因の一つ、二つが失われることによって失敗し、敗北するため、その失敗要因や敗因の分析が、明確にできるのですね。

――「勝ちに、不思議の勝ちあり」とは、そういう意味なのですか……。

田坂　そうです。この「勝ちに、不思議の勝ちあり」ということと、「慢心が、目を曇らせる」ということ、その二つの理由から、我々は、成功や勝利のとき、なかなか学べないのです。

だからこそ、失敗したとき、敗北したときこそが、学びや成長の最高の機会なのですね。

その意味で、昔から語られる、この言葉は、至言なのです。

敗北した軍隊は、良く学ぶ

そして、私自身、仕事や事業で壁に突き当たったときは、この言葉に、深く励まされてきました。

――たしかに、我々は、失敗や敗北のとき、学び、成長しますね……。

しかし、そうは言っても、やはり、仕事で失敗したときや、事業で挫折したときは、「敗北した軍隊は、良く学ぶ」という心境になる前に、かなり落ち込むのが人情ではないでしょうか？

なぜ、「自己嫌悪」の深い人間が、成長するのか

田坂　その通りですね。誰といえども、失敗や挫折の後は、かなり落ち込むことは自然なことです。しかし、これも誤解を恐れずに言えば、落ち込むときは、徹底して落ち込むことも大切なのですね。

――　それは、なぜ？

田坂　なぜなら、そうしたどん底の心境を体験した人は、そこから戻ってくるとき、「心の強さ」を身につけて戻ってくるからです。

むしろ、落ち込んだとき、酒で憂さを晴らしたり、気晴らしに走ったりすると、

折角、自分を見つめる「内省の機会」が与えられているにもかかわらず、また、出来事の原因を深く考える「反省の機会」が与えられているにもかかわらず、その機会を逸《いっ》してしまいます。

――しかし、失敗や挫折の後、自分を見つめるということは、かなり精神的に辛いことですね……。特に、自己嫌悪のどん底にあるときには、自分を見つめることは、辛いことですね。

田坂　たしかに、自己嫌悪のどん底のときは、精神的には辛いですね。誰でも、一度や二度は、叫び出したいほどの自己嫌悪を感じた経験はあるでしょう。しかし、実は、深い自己嫌悪に陥るということは、決して悪いことではないのですね。

――なぜでしょうか?

田坂　深い自己嫌悪に陥るということは、自分に求める理想が高いからです。

もとより、若い時代には、その「理想の自分」と「現実の自分」とのギャップに苦しむのですが、自分の理想イメージを持っているということは、決して悪いことではないのです。その理想イメージがあるから、成長への意欲が湧いてくるのですから。

逆に、何があっても自己嫌悪を感じない人の方が、危ういですね。それは、自分が目指す理想イメージを持っていないということであり、さらに悪い場合には、「人間なんて、そんなものさ……」といった寂しい人間観しか持っていないときもあるからですね。

――たしかに、そうですね……。ただ、世の中には、「高い理想イメージを持つ」というよりも、「肥大化した自己イメージを持つ」と言うべき人もいますね。

例えば、「自分は、優れたリーダーだ」と思い込んでいるけれども、部下たちは、「迷惑な上司だ」「我儘《わがまま》な上司だ」などと思っているといった人ですね……。

この違いは、何なのでしょうか?

田坂　鋭い質問ですね……。もちろん、その二つは、似て非なる人間の姿です。

前者の「高い理想イメージを持つ人」は、その「理想の自分」だけでなく、「現実の自分」の姿を見つめています。「現実の自分」を見つめる強さを持っている。そして、少しでも「理想の自分」に近づこうとして努力し、成長していく。一方で、そのギャップの中で、自己嫌悪に陥ることもあるのですね。

それに対して、後者の「肥大化した自己イメージを持つ人」は、「現実の自分」を見ていないのですね。「現実の自分」を見つめる強さを持っていない。そのため、「肥大化した自己イメージ」が自分であるとの幻想に逃げ込んでいるのですね。だから、逆に、自己嫌悪を感じることも無いのです。

――なるほど、その違いなのですね。「肥大化した自己イメージを持つ人」は、むしろ、自己嫌悪を感じないのですね。

田坂　正確に言えば、この人は、「肥大化した自己イメージ」に逃げ込み、「現実の自分」を直視しないことによって、無意識に、自己嫌悪を感じないようにしているのですね。

また、無意識に自己嫌悪を感じないようにしている、別なタイプの人もいます。それは、ある場面で、自己嫌悪を抱かざるを得ない状況になっても、自分を正当化したり、他人に責任を押し付けたりして、「現実の自分」を直視することを避け、無意識に、自己嫌悪を感じないようにする人です。

いずれにしても、我々が心に置くべきは、次の言葉です。

「深い自己嫌悪」は
「高い理想イメージ」の現れであり
成長へのエネルギーとなる

従って、「成長の可能性」という観点から見るならば、「寝込むぐらい落ち込む」というタイプや、「深い自己嫌悪に陥る」というタイプの人は、むしろ「伸びるタイプ」とさえ言えるのです。ただし、成長していくための「こころの技法」を身につけるならば、という前提ですが……。

――この対話では、その「こころの技法」を教えて頂いていると思いますが、しかし、世の中には、落ち込んでしまった結果、鬱病になったりする方や、自殺や自傷に走ったりする方もいますね。そうした方々は、どうすれば良いのでしょうか？

田坂　そうした方々は、まずは、専門の心理カウンセリングを受けられるべき方々と思いますが、そうした方々を支える家族や友人の方々が、一つ、心に収めておくべき言葉があります。

それは、いかなる場面においても、思い起こすべき、大切な言葉です。

人は、誰もが、自らの内に
自らを癒す
素晴らしい力を持っている

何が、出来事の「意味」の解釈を誤らせるのか

――なるほど……。こうして伺っていると、「自己嫌悪」というものは、決して、否定されるべきものではないのですね。それは、心の中の「高い理想イメージ」の現れであり、成長へのエネルギーとなるのですね……。

ここで、少し話を戻させて頂きますが、先ほど、人生を分けるのは、「何が起こったか」ではない。「起こったことを、どう解釈するか」だと言われましたね。すなわち、起こった出来事に対する「解釈力」が大切であると言われましたね。そうであるならば、その「解釈力」を、どのようにして身につけていけば良いのでしょうか？

田坂　そのためには、一つの「習慣」を身につけることです。

起こった出来事の「意味」を考える。

その習慣を身につけることです。

日々の仕事や人生において起こる出来事の、「意味」を考えるという習慣を身につけていくと、特に、苦労や困難、失敗や敗北、挫折や喪失といった「逆境」と思える出来事に遭遇したときには、その「意味」を深く考えることができます。

逆に言えば、日頃から、出来事の「意味」を考えるという習慣を持たないと、いざ、大きな逆境が与えられたとき、ただ心が混乱するだけで、冷静に「解釈力」を発揮して、その出来事の「意味」を考えることができません。

――「意味」を考えるとは、どういうことでしょうか？

田坂　その出来事が、なぜ、いま、ここで、自分に起こったのか。
その出来事が、いま、自分に、何を教えようとしているのか。
その出来事から、いま、自分が、何を学べと言われているのか。
その出来事によって、いかなる成長をせよと言われているのか。
その「意味」を考えるということです。

――何を学べと言われているのか……ですか。たしかに、そうした感覚は、仕事で壁に突き当たったときなど、ときおり、心に浮かぶ感覚ですね……。

田坂　そうですか……。壁に突き当たったとき、「何を学べと言われているのか」という感覚が心に浮かぶ方は、この「こころの技法」を、すでに無意識に摑まれている方ですね。

しかし、誰といえども、起こった出来事の「意味」を正しく解釈するためには、その前に、行わなければならないことがあります。少し心の痛みを伴うことですが、必ず、行わなければならないことがあります。

――何でしょうか？

田坂　心の中の「小さなエゴ」を見つめることです。

――「小さなエゴ」……、それは、なぜ？

田坂　我々の心の中の「小さなエゴ」は、基本的に、自分の未熟さや欠点、間違いや失敗を認めようとしない性質があるからです。

――それは、どうして？

田坂　心の中の「小さなエゴ」は、常に、自分の存在が脅《おびや》かされることへの不安や恐怖を抱いているからです。そして、自分の未熟さや欠点、間違いや失敗を認めると、自分の存在が脅かされると考えているからです。

――その「小さなエゴ」は、誰の中にもあるのでしょうか？　そして、誰のエゴも、そうした性質を持っているのでしょうか？

田坂　その通りです。そうした「小さなエゴ」は、私自身の中にもあります。誰の中にもあります。そして、その「小さなエゴ」は、必ず、自分の未熟さや欠点、間違いや失敗を認めることを拒みます。

だから、我々が、自分の未熟さや欠点がゆえに、仕事や人生において間違いや失敗をしたとき、それでも、その間違いや失敗から学び、成長できないとすれば、その最も大きな原因は、この「小さなエゴ」にあるのです。

――なるほど……。ただ、まだ、その「小さなエゴ」について、具体的なイメージが摑めないのですが……。

田坂　例えば、職場において、成長していく若手社員と、成長が壁に突き当たる若手社員は、この「小さなエゴ」の動きを見ていると分かります。

自分に責任のある問題が起こったとき、伸びる若手社員は、素直に「自分の責任です。今後、改めます」と言い、実際に、自分の姿勢を改め、成長していきます。

しかし、伸びない若手社員は、明らかに本人に責任のある問題でも、その責任を直視しようとせず、責任が指摘されても、「でも、誰々さんにも責任があります……」「それなら、もっと早く言ってもらえれば……」といった言葉で、その責任から逃げようとします。

これは、この若手社員の「小さなエゴ」が、自分の間違いや失敗を認めたくないため、心の中で「私は間違っていない！」と叫んでいるのです。そして、さらに言えば、この「小さなエゴ」は、「自分は変わりたくない！」と叫んでいるのですね。そのため、この若手社員は、その出来事から、学ぶこともできなければ、成長することもできないのです。

だから、我々は、起こった出来事の「意味」を考え、「何を学べと言われているのか」を考える前に、まず、次の言葉を心に置いて、自分の心の中で、「小さなエゴ」が叫んでいないか、静かに見つめてみる必要があるのです。

「小さなエゴ」は
いつも、
「変わりたくない！」と叫んでいる

なぜ、尊大に振る舞う人は、自信が無いのか

――なるほど、「小さなエゴ」ですか……。たしかに、職場を見渡すと、そうした「小さなエゴ」が成長を妨げている若手社員は、いますね……。

田坂　いや、この「小さなエゴ」の問題を抱えているのは、若手社員だけではないですね。中間管理職でも、さらには、経営トップでも、こうした「小さなエゴ」に振り回される人は、いますね。

極端な例で言えば、世の中には、自分の間違いや失敗を少しでも批判されると、猛烈に相手を非難する人がいます。それも、批判されている内容への反論ではなく、批判している人を人格攻撃することによって、自分を守ろうとする人がいます。相

手を全否定することで、自分への批判を含めて拒否する人です。こうした人も、心の中で、「小さなエゴ」が、「私は間違っていない！」「私は悪くない！」と叫んでいるのですね。

――たしかに、中間管理職でも、経営者でも、ときおり、そうした人がいますね。これらの人は、なぜ、「自分への批判を一切拒否する」という心の動きになるのでしょうか？

田坂　そうした「批判を拒否する心理」は、多かれ少なかれ、我々、誰の中にもあるのですが、こうした心理が強く表に出る人は、実は、「自信」が無いのですね。

――「自信」が無い……？

田坂　かつて、臨床心理学の河合隼雄さんと対談をしたとき、話題が「謙虚さ」ということになったのですが、そのとき、こう語られたことが印象に残っています。

人間は、自分に本当の自信が無いと、謙虚になれない

この河合さんの言葉通り、こうした人は、自分に本当の「自信」が無いため、自分の間違いや失敗、未熟さや欠点を認め、受け入れる「謙虚さ」を身につけることができないのですね。それを認めると、ますます自分に「自信」が無くなってしまうからです。

――自信が無いと、謙虚になれない……。

田坂　そうですね。我々は、その逆説に気がつくべきでしょう。自分に本当の自信が無いと、我々は、謙虚になれず、結果として、自分の間違いや失敗、未熟さや欠点を認め、受け入れ、成長していくことができなくなるのですね。しかし、自分の心の深くでは、実は、その間違いや失敗、未熟さや欠点を知っているので、ますます自信が無くなり、ますます謙虚になれない、という「悪循環」に入ってしまうのです。

一方、自分に本当の自信がある人は、自分の未熟さや欠点を認めることができるため、さらに成長していくことができるのですね。そして、それが、心の深いところでの静かな自信となるため、さらに謙虚な姿勢を身につけ、さらに深い自信を摑んで行くという「好循環」に入っていくのです。

昔から、「実るほど、頭《こうべ》を垂れる稲穂かな」という言葉が語られますが、この言葉の真の意味は、この「自信」と「謙虚さ」の好循環の心理的プロセスのことを指しているのですね。

――なるほど……、「実るほど、頭を垂れる稲穂かな」という言葉の意味は、そういうことなのですね……。私は、その言葉は、「人間、偉い立場に立ったら、謙虚さを身につけなさい」という意味かと思っていました……。

ところで、いま、先生は、「自分の心の深いところでは、実は、その間違いや失敗、未熟さや欠点を知っている」と言われましたが、「小さなエゴ」は、そうした自分の本当の姿を知っているのでしょうか？

田坂　その通り、実は、我々の心の中の「小さなエゴ」は、自分の未熟さや欠点を知ってはいるのです。しかし、自分に自信が無いため、それを認めると自分の存在が否定されてしまうという不安と恐怖から、自分を守るために、ことさらに「自分は悪くない！」と叫び、「悪いのは、自分を批判する人間だ！」と叫ぶのですね。

なぜ、我々は、「エゴ」を捨てるべきではないのか

――　それは、「エゴ」が強い人が抱える問題でしょうか？　だから、こうした人は、「エゴ」を捨てる修行をする必要があるのでしょうか？

田坂　そうです……、と申し上げたいところですが、実は、そうではありません。こうした人の問題は、「エゴが強い」ことではないのです。

――　何が問題なのでしょうか？

田坂　「エゴが小さい」ことです。

――その意味は？

田坂　「エゴが小さい」と、現在の未熟な自分、欠点のある自分を擁護《ようご》し、「自分は、間違っていない！」「自分は、変わりたくない！」という叫びが心を支配してしまいます。

しかし、「エゴが大きい」と、「自分には、もっと素晴らしい可能性がある！」「自分は、もっと素晴らしい人間へと成長できる！」という思いが勝《まさ》り、現在の未熟な自分、欠点のある自分を直視しながらも、未来の成長した自分、成熟した自分を目指すことができるようになります。

だから、こうした人は、「エゴ」を捨てるのではなく、むしろ、自分の中の「エゴ」を大きく育てる必要があるのです。

――「エゴ」を育てるのですか……。では、「エゴが大きい人」とは、具体的には、どのような人なのでしょうか？

田坂　昔、私が民間企業に勤めていた頃、ある部下に、苦言を呈さなければならないときがありました。しかし、その企業では、伝統的に、「部下に注意をしたり、苦言を呈するときは、その前に、三つ誉めてから、その注意や苦言をせよ」ということがマネジャーの心得になっていました。

そこで、私も、その部下を呼んで、本題の苦言を呈する前に、まず、彼を三つの点で誉めようとしたのです。

すると、私が、彼の仕事を一つ誉め、そして、二つ目を誉め始めた瞬間に、彼が、こう言ったのです。

「田坂さん……、その誉め言葉はいいですから、早く、私の問題点を教えてくれませんか……」

――　なるほど、鋭い部下ですね……。

田坂　そうですね。言うまでもなく、この部下は、仕事を通じて、大きく成長していきました。

何よりも、自分の課題から逃げようとせず、自分の問題点を直視しようとする姿勢が、彼の成長を支えたのですね。多少の苦痛を感じることはあっても、自分の問題点を直視し、受け入れることによって、さらに成長したいという強い思いを、彼は持っていたのですね。

言葉を換えれば、彼は、現状の自分を守りたいという「小さなエゴ」ではなく、さらに大きく成長したいという「大きなエゴ」を持っていたのです。

だから、我々は、自分の「エゴ」に処するとき、次の言葉を心に置く必要があるのです。

「エゴ」は捨てられない
「エゴ」は、「大きなエゴ」へと育てていかなければならない

――「エゴ」は、捨てられないものですか？

田坂　我々は、「エゴ」を捨てることはできません。「エゴ」というものは、我々の「生命力」と深く結びついていますので、もし、本当に「エゴ」を捨ててしまったならば、我々は、日常生活ができなくなるだけでなく、命まで失ってしまうでしょう。

また、「エゴを捨てなければ！」と自分に強く言い聞かせ、表層意識で「エゴ」を捨てたつもりになっても、実際には、「エゴ」を抑圧しただけであり、一時、深層意識に隠れた「エゴ」は、別なところで、突然、現れて、自分を苦しめたり、周りの人を苦しめます。

――例えば……？

田坂　例えば、出世を争っている同僚が、先に出世したとき、心の中では、それを嫉妬する「小さなエゴ」が、「何で、あいつが！」「あいつより、俺の方が優秀だ！」と叫びます。しかし、表層意識が、「ああ、こんな嫉妬心を持っては駄目だ！」「こんなエゴは捨てなければ！」と思い、その嫉妬心や「エゴ」を抑えつけ、捨てたつもりになっても、実は、その「小さなエゴ」は、深層意識に隠れただけで、決して消えていないのです。

そのため、例えば、その同僚が、数か月後に、突然、健康を害し、長期入院になったとき、それを見て、表面では「彼も大変だな……。早く回復するといいのだが……」などと職場で語っている自分の陰に、密かに「ほくそ笑む自分」が現れてきたりします。

深層意識に隠れていた「小さなエゴ」が頭をもたげてきた瞬間です。「厄介なエゴ」「狡猾《こうかつ》なエゴ」が、密かに動き始めた瞬間です。

――なるほど……、そうした心の動きは、誰の中にもありますね……。

では、もし、「エゴ」が捨てられないものであるならば、その「厄介なエゴ」や「狡猾なエゴ」が動き始めたとき、我々は、どうすれば良いのでしょうか？

「厄介なエゴ」に処する「ただ一つの技法」とは何か

田坂　その「厄介なエゴ」の動きに処する「こころの技法」は、ただ一つです。

静かに見つめる。

それだけです。

——静かに見つめる……。それだけですか？

田坂　そうです。心の中の「エゴ」の動きを、否定も肯定もせず、ただ静かに見つめる。それだけです。
もし、心の中に、「何で、あいつが！」「あいつより、俺の方が優秀だ！」といった思いが浮かんできたら、ただ静かに、「ああ、自分のエゴが、叫んでいるな……」と見つめることです。
密かに「ほくそ笑む自分」が現れてきたら、「ああ、自分のエゴは、同僚の病気を、密かに喜んでいるな……」と、静かに見つめることです。
否定も、肯定もせず、批判も、賛同もせず、ただ静かに見つめることです。

――そうすると、何が起こりますか？

田坂　不思議なほど、「エゴ」の蠢《うごめ》きが、静まっていきます。それは、決して消えることはありませんが、静まっていきます。
そして、これが、「厄介なエゴ」の動きや蠢きに処する、ただ一つの技法です。

――では、先ほどの、「小さなエゴ」を「大きなエゴ」に育てるというのは？

田坂　それは、自分の心の中にある「エゴ」に、長期的に、どう処していくかという「こころの技法」です。

――なるほど、「エゴ」に処する「こころの技法」は、短期的には、「静かに見つめる」ということ、長期的には、「大きく育てる」ということですね……。田坂先生も、そうした「エゴ」の問題で悩まれたことがあるのですか？

田坂　そうですね。一人の人間として、自分の「エゴ」と向き合うことは、生涯の課題であると思っています。

そして、この「小さなエゴ」と「大きなエゴ」という意味では、私自身も、若き日に、この「エゴの成長」の分かれ道に立った経験があります。

それは、私の著書『仕事の思想』にも語ったエピソードですが、私が、民間企業に就職した最初の年のことでした。ある顧客企業に、企画書を持って提案に行ったときのことです。

その企画書は、前夜遅くまで時間をかけて練り、自分なりの自信作でした。ところが、その日、その顧客企業で、ある部長に対して企画書の説明をしたところ、説明が終わった途端、その部長から、「こんな企画書を頼んだのではない！」と怒鳴られたのです。いや、怒鳴りまくられたと言うべきでしょう。まだ新入社員の時代であり、初めて顧客から怒鳴られた経験でもあり、私は、頭の中が真っ白になり、同僚とともに、その会社を後にしました。

すると、その会社を出て、近くの公園に向かって横断歩道を渡るとき、その営業に同行した同僚が、こう言ってくれたのです。

「田坂君、君の企画は、良い企画だったと思うよ……。

あの部長さんに、それを理解する力がなかったのだよ……」

そう言ってくれる同僚の気持ちは有り難かったですが、この瞬間が、私の「エゴ」にとっては、分かれ道でした。

その同僚の一言で、私の中の「小さなエゴ」が蠢いたのです。そして、その「小さなエゴ」が、こう呟《つぶや》いたのです。

「そうなのだよ。あの部長は、技術が分かっていないので、
この企画書の良さが理解できなかったのだよ……」

しかし、その直後に、私の中の「大きなエゴ」が、こう語りかけてきたのです。

「企画書が採用されない理由を、
顧客の責任にしているかぎり、成長できないぞ……」

そして、その瞬間、私は、その同僚に、こう答えていたのです。

「有り難う。しかし、やはり自分が、
あの部長さんに、納得して頂ける企画書が書けなかったのだよ……」

あれは、私にとって、分かれ道であったと思います。

現状の自分を守りたいという「小さなエゴ」を選ぶのか、さらに大きく成長したいという「大きなエゴ」を選ぶのか、その分かれ道であったと思います。

一人の未熟な人間ながら、あのとき、分かれ道の選び方を過《あやま》たなかったことが、その後、企画の世界で、プロフェッショナルの道を拓いてくれたのかと思います。

――先生も、若き日に、そうした「小さなエゴ」との葛藤があったのですね……。

田坂　いや、若き日には、「小さなエゴ」との葛藤は、日常の課題でした……。

それは、人間であるかぎり、誰もが、そうなのではないでしょうか。

ちなみに、私は、先ほどから「小さなエゴ」と「大きなエゴ」という言葉を使っていますが、日本語には、昔から、「小我」と「大我」という言葉があるのですね。従って、言葉を換えれば、我々は、人生の様々な場面で、「小我」の声に耳を傾けるのか、「大我」の声に耳を傾けるのか、その選択を迫られているとも言えるのですね。

――なるほど、「小我」と「大我」ですか。日本語には、良い言葉がありますね

……。

人間の本当の「強さ」とは何か

――さて、ここまで、我々の人生で起こった出来事の「意味」を正しく解釈し、成長へと結びつけていくためには、自分の「小さなエゴ」を見つめること、その「エゴ」を、成長したいとの強い意欲を持った「大きなエゴ」へと育てていかなければならないことを教えて頂きました。そして、そのための「こころの技法」を教えて頂きました。

では、心の中に、「大きなエゴ」を育てれば、出来事の「意味」を正しく解釈できるようになるのでしょうか？

田坂　いいえ、それだけでは、まだ不十分です。起こった出来事の「意味」を正しく解釈できるようになるためには、もう一つ、身につけなければならないものがあります。

それは、人間としての「本当の強さ」です。

――「本当の強さ」……、それは何でしょうか？

田坂「引き受け」ができるということです。

――「引き受け」……ですか？

田坂「引き受け」とは、本来、他人に直接の責任があることでも、自分の責任として引き受け、それを自分の成長に結びつけようとする心の姿勢のことです。

この「引き受け」とは、臨床心理学などでも使われる言葉ですが、私は、民間企業に勤めていたとき、ある上司から、その心の姿勢を学びました。

それは、新入社員として働き始めた頃のこと、プロジェクトの納期に追われ、苛立つ気持ちで仕事に取り組んでいた時期だったと思います。プロジェクトが一段落したとき、ある上司が、食事に誘ってくれたのです。

その上司と二人で、レストランで楽しく時を過ごし、食事を終え、最後のコーヒーを飲んでいるとき、その物静かな上司が、ふと、独り言のように、語り始めたのです。

「毎日、会社で色々な問題にぶつかって、苦労するよ。

そのときは、会社の方針に原因があると思ったり、周りの誰かに責任があると思って、腹を立てたりもするのだけれど、家に帰って、一人で静かに考えていると、いつも、一つの結論にたどり着くのだね。

すべては、自分に原因がある。

そのことに気がつくのだね」

あれから何十年かの歳月を経て振り返ると、いまは、分かります。あの上司は、自らを語る姿を通じて、若く未熟な一人の人間に、大切なことを教えてくれたのですね。

それが、「引き受け」という心の姿勢の大切さだったのです。

――なるほど、その上司は、説教をするのではなく、自分を語る形で教えてくれたのですね……。

田坂　そうですね。その上司は、人間としての深みのある方でしたが、あのとき教えてくれた心の姿勢、「すべてを自分の責任として引き受ける」という心の姿勢が、私に、一つの「強さ」を与えてくれたのですね。それは、「静かな強さ」とでも言えるものです。

もとより、この「引き受け」という心の姿勢を身につけることは、容易なことではないのですが、ひとたび、その心の姿勢を身につけ、それを「こころの技法」にまで高めると、仕事と人生において、いかなる出来事が起こっても、それを自分の成長に結びつけていくことができるのですね。

――たしかに、その「引き受け」ができると、大きく成長していけるということは分かるのですが、なぜ、我々は、その「引き受け」という心の姿勢を、容易に身につけることができないのでしょうか？

田坂　やはり、「小さなエゴ」が、それを妨げるからですね。「自分は悪くない！」「自分は変わりたくない！」という「小さなエゴ」の声に従っているかぎり、「引き受け」はできないのですね。

先ほども述べたように、我々の中の「小さなエゴ」は、問題が起こったとき、それがたとえ明白に自分に責任のあることでも、自分以外の誰かの責任にしようとします。そして、自分の姿勢を改めることを拒みます。

逆に、成長したいという「大きなエゴ」の声に従うことができる人は、この「引き受け」ができるのですね。

例えば、伸びる若手社員は、明らかに後輩の社員に責任のあるミスでも、「自分の監督責任です」といった形で見事な「引き受け」を行い、自ら責任を負おうとします。これは、この若手社員の「エゴ」が、成長したいという「大きなエゴ」だからなのですね。

だから、我々は、本当の「強さ」を身につけたいと思うならば、自分の中の「エゴ」を「大きなエゴ」に育てながら、この「引き受け」を、意識的に行っていくべきでしょう。

そのとき、心に置くべきは、次の言葉です。

「引き受け」をするとき

我々は、「真の強さ」を身につけていく

誰の中にもいる「静かで賢明な自分」とは何か

――なるほど、明らかに他人に責任のある出来事についても、敢えて「引き受け」をするということを行っていると、我々の心が「真の強さ」を身につけていくのですね……。

しかし、やはり、我々の心の中には「小さなエゴ」があり、他人に責任のある出来事さえも、自分の責任として引き受けるということは、なかなかできないと思うのですが、何か、それができるようになる「こころの技法」というものがあるのでしょうか？

田坂　一つの技法を、申し上げましょう。

「もう一人の自分」と対話する。

その技法です。

――「もう一人の自分」ですか……。それは、どのような自分でしょうか？

田坂　敢えて言えば、自分の中にいる「静かで賢明な自分」です。

我々の心の中には、色々な自分がいます。「小さなエゴ」に振り回される自分、「大きなエゴ」の声に耳を傾ける自分、一時の感情に流される自分、冷静に自分を見つめることのできる自分……。

そうした、様々な自分の中に、「静かで賢明な自分」とでも呼ぶべき自分がいるのですね。

――それは本当でしょうか？　外から見て、あまりにも愚かな言動をする人がいますが、そうした人の中にも、「静かで賢明な自分」がいるのでしょうか？

田坂　本来、誰の中にも、そうした「静かで賢明な自分」がいます。しかし、「小さなエゴ」が心の大半を支配している状態では、その自分の存在に気がつくこともなければ、その自分を表に現すこともできないのですね。

しかし、もし我々が、自分の中に「様々な自分」がいることに気がつき、その中に、「静かで賢明な自分」がいることに気がつくならば、その自分と対話をすることができます。

そして、その対話ができれば、その「静かで賢明な自分」が、起こった出来事の「意味」を、教えてくれるのですね。その出来事から、いま自分が何を学ぶべきかを教えてくれるのですね。そしてその「学びの課題」に気がついたとき、我々は、自然に「引き受け」ができるようになるのですね。

先ほどの後輩社員のミスを引き受ける先輩社員は、ただ、後輩をかばっているのではなく、この出来事が自分に教えている「学びの課題」が、後輩社員に責任を取らせることではなく、自分の監督能力を高めることであることを知っているのです。そのことを、「静かで賢明な自分」が教えてくれているのですね。

――我々の中に、そんなに賢い「もう一人の自分」がいるのでしょうか？

田坂　います。我々の中には、我々の想像を超えた「賢明な自分」がいます。誰でも、適切な「こころの技法」を身につけるならば、必要なとき、その「静かで賢明な自分」が現れてきて、目の前の問題や逆境に処するための叡智を教えてくれるのですね。

それゆえ、このことを、古人は、しばしば、次の言葉で語ってきたのです。

答えは、すべて「自分」の中にある

ちなみに、この自分の中に「様々な自分」がいることについては、私の著書、『人は、誰もが「多重人格」――誰も語らなかった「才能開花の技法」』の中でも述べましたが、この著書では、それらの「様々な自分」の中に、「静かな観察者」とでも呼ぶべきものが存在することを述べました。実は、この「静かな観察者」とは、ここで述べる「静かで賢明な自分」でもあるのですね。

自分の中の「静かで賢明な自分」と対話する技法とは何か

――では、どうすれば、自分の中にいる「静かで賢明な自分」と対話することができるのでしょうか？

田坂　その対話のための、具体的な「こころの技法」を紹介しましょう。私自身が、若い時代に行ってきた技法です。

――それは、どのような技法でしょうか？

田坂　「内省日記」を書くことです。

――「日記」ですか……。最近では、多くの人がウェブ上で「ブログ日記」などを公開していますが……。

田坂　それとは、全く違うものです。「ブログ日記」は、誰かに読まれることを前提に書かれていますが、この「内省日記」は、自分以外には、誰にも読まれない日記です。

――「誰にも読まれない日記」ですか……。

田坂　そうです。本来、日記とは、「自分以外には誰にも読まれない」ことが前提として書かれるべきものと思いますが、たしかに、最近では、誰かに読まれることを目的とする「ブログ日記」などが広がっていますね。

しかし、私は、敢えて、自分以外には誰にも読まれない「内省日記」を書くことを薦めます。

なぜなら、自分以外には誰にも読まれないものだからこそ、我々は、この日記において、誰にも語れない自分の感情や思いを、自由に書くことができるからです。

そして、この「内省日記」を書くと、自然に、もう一人の自分、すなわち、「静かで賢明な自分」との対話が始まります。

――なぜ、その対話が始まるのでしょうか？

田坂　「内省日記」においては、まず最初に、自分の生々しい感情や思いを、決して抑圧せず、ありのままに、文章にして書くのです。

その上で、一度冷静になり、心を整えた静かな心境で、それを読み直すと、自然に、それを書いた自分とは違う「もう一人の自分」、すなわち「静かで賢明な自分」が現れてくるのです。そして、その「静かで賢明な自分」が、いま書いたばかりの文章を、冷静に、そして客観的に読み、その感情や思いを語った自分との「対話」を始めるのです。

すなわち、自分の中の「静かで賢明な自分」と対話するためには、次の「こころの技法」を実践することです。

誰にも読まれない「内省日記」で
誰にも語れない自分の感情や思いを
ありのままに書く

――田坂先生も、若い時代に、その「内省日記」を書かれていたのですね？

田坂　ええ、私は、高校時代から民間企業での若手社員の時代まで、かなり長い期間、その「内省日記」を書いていました。

そして、この日記を書き続けたことによって、自然に、自分の中に「静かで賢明な自分」が現れ、その自分と対話をする習慣が身についたのです。

――その「静かで賢明な自分」は、「内省日記」を書くと、必ず現れるのでしょうか？

田坂　いや、やはり、感情が高ぶっていたり、様々な思いが交錯していたり、そのときの心の状態によっては、なかなか、その「静かで賢明な自分」が現れてこないことはあります。そうしたときは、後で述べる「こころの技法」を用いて、心を整え、心を静め、その「静かで賢明な自分」が現れてくるように努めます。

しかし、この「こころの技法」で心を整え、静め、この「内省日記」を書く習慣を、何年か続けていると、この日記を開いた瞬間に、自然に「静かで賢明な自分」が現れるようになっていきます。

――では、なぜ、先生は、ある時期から、その「内省日記」を書かなくなったのでしょうか？

田坂　長くこの「内省日記」を書いていると、いつか、日記を書かなくとも、どこにいても、心の中に「静かで賢明な自分」が現れ、その自分と対話できるようになったからです。

――どこにいても、ですか……?

田坂　ええ、この「内省日記」による「内省の習慣」を、一〇年を超え、永年続けてくると、自然に、机の前で日記を書かなくとも、独りでいるときであれば、道を歩いていても、電車に乗っていても、車を運転していても、どこにいても、その「静かで賢明な自分」との対話ができるようになってきます。

ときには、周りに人がいても、「瞬間瞑想」や「瞬間禅」のような「こころの技法」によって心を整え、静めれば、その対話ができるようになります。私は、誰かとの会合や、多くの方々との会議の最中でも、ときおり、この技法によって、その対話をすることがあります。

――なるほど……。少し脱線しますが、先生が、数多くの思索的な著書を書かれている背景には、その「静かで賢明な自分」との対話があるのでしょうか?

田坂　そうですね……。たしかに、著書を書いているときは、ある意味で、その「もう一人の自分」と対話を続けていますね……。執筆の最中は、私にとって、最も静かな「思索」の時間ですので。

なぜ、生々しい感情を書くと、深い思索が始まるのか

――では、その「内省日記」は、具体的には、どのように書けば良いのでしょうか?

田坂　まず、生々しい自分の感情や思いを、ありのままに書くことです。仕事や人生でトラブルや問題に直面したとき、心に湧き上がってくる生々しい感情や思いを、ありのままに、できるだけありのままに、書き出してみることです。私の若い頃は、大学ノートを使って、そこに書き出していましたが、最近では、パソコンに日記ファイルを作り、そこに書き出すのでも良いでしょう。

――生々しい感情や思いですか……。それも、できるだけありのままに、書き出してみるのですか……？

田坂　そうです。そのようにして、自分の感情や思いを、ありのままに表に出すプロセス、すなわち、「感情の開示プロセス」が極めて重要です。何かに怒りを感じたら、その感情や思いを、嫌悪を感じたら、その感情や思いを、悲しみを感じたら、その感情や思いを、できるだけ、その生々しい感情や思いのまま、書き出すのです。

このとき、避けるべきは、表面的に飾った「綺麗ごと」を書くことです。例えば、心の中では、「彼とは、もう口も利きたくない！」という生々しい感情が渦巻いているにもかかわらず、「今後、彼との交流は控えたい」といった形で、表面的に飾った表現をしてしまうことです。それをすると、心の中で、無意識に「感情の抑圧」が起こってしまい、その感情と向き合うことができなくなります。

――では、そうした怒りや嫌悪などの否定的な感情ではなく、喜びや感激などの肯定的な感情が、心に浮かんだときは？

田坂　喜びを感じたときも、何かに感激したときも、その肯定的な感情や思いを、ありのままに書くのですね。それもまた、感情や思いをありのままに表に出す、「感情の開示プロセス」だからです。

――では、他人に対する怒りや嫌悪の感情ではなく、自分に対する感情、特に、「自己嫌悪」については、どうでしょうか？

田坂　「自己嫌悪」について、「内省日記」で、その感情や思いをありのままに表現することは、実は、「自己成長」の大切なプロセスなのですね。先ほど申し上げたように、「理想の自分」と「現実の自分」のギャップを見つめることは、苦痛は伴いますが、成長へのエネルギーになっていくからです。

いずれにしても、こうして、日々の仕事や生活の様々な体験で生まれる感情や思いを、ありのままに表現し、言葉を尽くして表現していくと、ある段階から、自然に、別な感覚や思いが浮かび上がってくるのですね。

――先ほど、先生は、高校時代から、実社会に出た後まで、この「内省日記」を書かれていたと言われましたが、具体的には、その日記に、どのようなことを書かれていたのでしょうか？

田坂　やはり、高校時代は、「内省日記」の中で、主に「自己嫌悪」と向き合うことが多かったですね。若い頃は、誰もが、多かれ少なかれ「自分が好きになれない」という感情、すなわち「自己嫌悪」の感情を抱くのですね。それは、「理想の自分」と「現実の自分」のギャップという意味での「自己嫌悪」でもあるのですが、若い時代には、むしろ、「他人」と「自分」を比較してしまうことによる「自己嫌悪」も多いのですね。

歌人、石川啄木の歌、「友がみな　われよりえらく見ゆる日よ……」の心境ですね……。

――たしかに、高校時代は、ある意味で、「自己嫌悪」の時代ですね……。太宰治の小説、『人間失格』などに惹かれる時代ですね……。

では、大学時代には、どのような「内省日記」を書かれたのでしょうか？

田坂　私が大学に入学したのは、一九七〇年、まさに日本中で嵐のような学生運動が巻き起こった時代でした。そうした政治の季節の中で、激動する社会の動きを見つめながら、「内省日記」には、「自分の生き方」を書き続けることが多かったですね。この社会を良き社会に変えていくために、自分は、どのような道を歩むべきか。そのために、大切にするべき思想や価値観は何か。いかなる覚悟を定めるべきか。そうしたことを書き続けましたね。

しかし、こうして「自分の生き方」を考えるということは、「自分のエゴ」を見つめることであり、同時に、自分の中にいる「様々な自分」と対話することでもあったのですね。

――「様々な自分」とは……？

田坂　誰の中にも、「世の中のために何をすべきか」と考える「利他的な自分」もいれば、「自分にとって何が得か」を考える「利己的な自分」もいます。「理想をめざす自分」もいれば、「現実に合わせていく自分」もいる。「冷静に思索する自分」もいれば、「情熱に駆られて行動する自分」もいます。そうした「様々な自分」のことですね。

――若い頃からの、その「様々な自分」との対話が、後年の先生の思想、「多重人格のマネジメント」や、著書、『人は、誰もが「多重人格」』などに結びついていくのですね……。

では、実社会に出てからは、先生は、どのような「内省日記」を書かれていたのでしょうか？

田坂　実社会に出てからの「内省日記」は、「人間関係での葛藤」を書くことが多くなりましたね。

会社という組織にいると、良くも悪しくも「人間関係」がすべてです。仕事の中で生まれる人間関係の摩擦、軋《きし》み、葛藤など、その生々しい感情や思いと向き合った時代ですね。もちろん、仕事の人間関係の中で生まれる、共感、信頼、友情、理解、激励など、素晴らしい感情や思いも、数多く体験しましたが……。

また、実社会においては、様々な人間の姿を、その裏も表も、赤裸々に見つめることができました。その他人の姿は、ある意味で、自分の姿でもあり、そうしたことも、「内省日記」に書き続けましたね。そして、それが、私の「人間観」を深めてくれたのかと思います。

なぜ、自己嫌悪の極みで、「自己肯定」の心が生まれるのか

――なるほど……。では、「内省日記」において、そうした「感情の開示プロセス」を、言葉を尽くして行っていると、何が起こるのでしょうか？ 先ほど、先生は、「ある段階から、自然に、別な感覚や思いが浮かび上がってくる」と言われましたが……。

田坂 そうですね。最初は、自分の中の生々しい感情や思いを、抑圧せず、ありのままに言葉を尽くして書き出していくのですが、心が少し冷静になり、自分で書いたその文章を改めて読み直すと、ふと、心の奥から、「言葉にならない感覚や思い」が浮かび上がってくるのですね。それは、すぐに言葉にはならないのですが、

書いた文章そのままの感情や思いではなく、少し違った、別な感覚や思いが、心に浮かんでくるのですね。

これは、「感覚の浮上プロセス」とでも呼ぶべきものです。

――それは、不思議な心の動きですね……。

田坂 そうですね……。かつて、科学哲学者のヴィトゲンシュタインが、その著書『論理哲学論考』の中で、こう述べています。

我々は、言葉にて語り得るものを語り尽くしたとき
言葉にて語り得ぬものを、知ることがあるだろう

このヴィトゲンシュタインの言葉のように、「内省日記」においても、自分の生々しい感情や思いを、言葉を尽くして語っていくと、それを語り尽くした段階で、ふと、言葉にならない感覚や思いが、心に浮かび上がってくることがあるのですね。

―― そのプロセスを、もう少し、具体的なイメージで、教えてもらえますか？
特に、「別な感覚や思いが、心に浮かんでくる」ということの、「別な」とは、どういう意味でしょうか？

田坂 敢えて言えば、最初の「感情」とは反対の「感覚」が浮かび上がってきます。
例えば、ある人物に対する嫌悪感を、生々しく、ありのままに言葉にしていくと、ある段階で、その嫌悪感とは逆の感覚、その人物を嫌悪しきれない感覚が浮かび上がってきます。また、ある人物に対する怒りを、そのまま言葉にしていくと、ある段階で、その怒りとは逆の感覚、その人物を怒りだけで切り捨てられない感覚が浮かび上がってきます。

―― その「嫌悪しきれない感覚」や「怒りだけで切り捨てられない感覚」とは、どのような感覚でしょうか？

田坂　それは、まだ、「言葉にならない感覚」の段階なのですが、敢えて言葉にすれば、「あの人にも、良いところはあるのだが……」や「あの人にも、それなりの理由があったのだろうが……」といった感覚です。

――なるほど……。それが、「別な感覚や思い」という意味ですね……。

田坂　そうですね。そして、このことは、他人への嫌悪感や怒りだけでなく、自分自身への嫌悪感、すなわち、「自己嫌悪」においても、同様なのですね。
　すなわち、心の中に、深い「自己嫌悪」の感情を抱いたとき、その感情から逃げることなく、「内省日記」において、その「自己嫌悪」の感情を、ありのままに言葉にして語り、言葉を尽くして語り、その感情に正面から向き合うことを続けていると、不思議なことに、ある段階から、深いレベルでの「自己肯定感」が生まれてくるのですね。

――それは、どのような「自己肯定感」でしょうか？

田坂　それは、「自分は優れている」「自分は素晴らしい」と思えるという意味での「自己肯定感」ではありません。

むしろ、自分というものを、その未熟さや欠点を含めて、「愛おしく思えるようになる」という意味での「自己肯定感」です。

そして、「自己嫌悪」の極みにおいて生まれてくる、この意味での「自己肯定感」は、とても大切なのですね。

言葉を換えれば、「駄目な自分も含めて、自分を愛する」という感覚を抱くことの大切さです。

――なぜ、それが大切なのでしょうか？

田坂「未熟さや欠点も含めて自分を愛する」ということができなければ、「未熟さや欠点も含めて他人を愛する」ことができないからです。

その意味で、昔から語られる、この言葉は、真実なのですね。

自分を愛せない人間は他人を愛せない

――なるほど……。自分というものを、その未熟さや欠点を含めて、「愛おしく思えるようになる」のですか。そして、「駄目な自分も含めて、自分を愛する」ことができるようになるのですか……。

つまり、他人への嫌悪感も、自分自身への嫌悪感も、その生々しい感情や思いを、抑圧せず、ありのままに言葉を尽くして書き出していくと、心の奥から、書いた文章そのままの感情や思いではなく、少し違った、別な感覚や思いが、心に浮かんでくるのですね……。

田坂　そうですね。この心理的プロセスについては、先ほど紹介した、臨床心理学の河合隼雄さんが、興味深い言葉を残しています。

何か一つのことを言うと、全く逆のことを言いたくなる

この河合さんの言葉通り、我々は、自分の感情や思いを、ありのままに言葉にしていくと、不思議なことに、その全く逆の感覚が、心に浮かんでくるのですね。

――その河合さんの言葉は、深い言葉ですね……。では、その「感覚の浮上プロセス」の次は、どのような心理的なプロセスがやってくるのでしょうか？

田坂　「意味の結晶プロセス」がやってきます。

言葉にならない「感覚」の中から、その出来事の「意味」が浮かび上がってくるのです。曖昧さの中から、あたかも「意味」が結晶するように、少しずつ、明瞭に見えてくるのです。

例えば、先ほどの例で言えば、他人に対する嫌悪感や怒りの感情を、ありのままに言葉にしていくと、ある段階から、別の感覚が浮上してきて、「あの人にも、良

いところはあるのだが、なぜか、この部分に、自分は嫌悪を感じてしまう」や「あの人にも、それなりの理由があったのだろうが、やはり、この行為は受け入れられない」というように、深いレベルでの受け止め方ができるようになっていきます。

そして、この段階から、「静かで賢明な自分」との対話のプロセスが始まり、出来事の「意味」が、少しずつ見えてくるのです。そして、その「意味」を、解釈できるようになってくるのです。

すなわち、この「内省日記」という「こころの技法」は、次の「三つのプロセス」を辿っていくのです。

「内省日記」は
「感情の開示」「感覚の浮上」「意味の結晶」という
三つの心理的プロセスを辿っていく

なぜ、「内省日記」が「カウンセリング」を超えるのか

――その話を伺っていると、この「内省日記」という技法は、「心理カウンセリング」の技法と似たもののように思われるのですが……。

田坂　その通りですね。この「内省日記」とは、ある意味で、「セルフ・カウンセリング」とも言える技法です。

心理カウンセリングでは、まず、相談者（クライアント）の生々しい感情や思いを、批判も批評もせず、ただ心の深いところで聞く、すなわち「聞き届ける」ことから始まりますが、これは、いわば、「内省日記」における「感情の開示プロセス」です。

そして、心理カウンセリングでは、相談者が、自分の生々しい感情や思いを吐露した後は、徐々に、自分の感情や思いを冷静に見つめることができるようになっていきますが、そのプロセスが進むと、別な感覚や思いが浮かび上がってきます。これは、「感覚の浮上プロセス」です。

そして、カウンセリングがさらに進むと、次第に、相談者は、自分が抱えている問題の「意味」を感じ取るようになっていきます。これが、「内省日記」における「意味の結晶プロセス」です。

――そのプロセスを、もう少し具体的に教えて頂けますか？

田坂　例えば、厳しい父親に育てられ、その反発から非行に走った相談者は、カウンセリングの初期には、「あんな親父《おやじ》、殺してやりたい！」といった感情を爆発させますが、そのカウンセリングが進むと、少しずつ、全く別の感覚を述べ始めます。

例えば、「あの親父も、子供の頃は、よく遊んでくれたんだよな……」や「親父も、俺みたいな息子を持って、辛いんだろうな……」といった感覚です。

そして、カウンセリングが進むと、この相談者は、自分が直面している問題の「意味」を感じ取り始めます。いや、「意味」を紡ぎ出し始めると言っても良いのですが、それは、例えば、「我慢できないほど厳しい親父だが、あれは、親父なりの愛情の表現なんだろうな……」といった「意味」です。

心理カウンセリングにおいては、カウンセラーの助けを得て、こうした心理的プロセスを経ながら、相談者が自分自身の力で、心の問題の解決に向かっていきますが、私の薦める「内省日記」という技法においても、同様の心理的プロセスを経ながら、直面している問題や起こった出来事、悩んでいる人間関係の「意味」が心に浮かび上がり、徐々に、その「解釈」ができるようになっていきます。

――では、「心理カウンセリング」と「内省日記」とは、いったい、何が違うのでしょうか？

田坂　「内省日記」においては、自分の中に現れる「静かで賢明な自分」が、カウンセラーの役割を果たすのです。そして、この「静かで賢明な自分」は、当然のことながら、誰よりも、自分のことを深く知っているので、ある意味で、「最良のカウンセラー」であるとも言えるのです。

――ということは、「内省日記」を書く習慣を持てば、心理カウンセラーにかかる必要は無いということでしょうか？

田坂　いえ、それほど単純な話ではありません。「内省日記」を書く習慣を持ったとしても、「感情の開示プロセス」は、比較的、誰にでも実行できますが、それなりに「内省日記」を長く続け、「内省の習慣」を身につけていかないと、「感覚の浮上プロセス」や「意味の結晶プロセス」は、心の中で起こりません。

また、ある種の「トラウマ」（心的外傷）など、難しい心の問題は、熟練の心理カウンセラーでなければ、その解決を助けられないこともあります。

従って、この「内省日記」という技法は、「心理カウンセリング」という技法と二者択一的に考えるべきものではなく、相互補完的なものと考えるべきものです。

それは、あたかも、「自分での健康管理」と「医者の診断と治療」ということに似ています。どちらか一方で良いというものではないのですね。

ただ、「自分での健康管理」ならぬ「自分での心の健康管理」の技法がほとんど普及していない現代社会においては、この「内省日記」の技法は、もっと多くの人々に広がっても良いかと思います。できれば、強い自我が芽生え、自意識が深まっていく高校生ぐらいの年齢で、この技法を教えるということがあっても良いのではないでしょうか。

私が、今回の対話で、「こころの技法」ということを申し上げるのも、「自分での心の健康管理」の技法が、もっと多くの人々に広がることを願ってのことです。

――たしかに、そうですね。現代社会は、「心の病」が広がっているにもかかわらず、「自分での心の健康管理」の技法が、あまり広がっていませんね……。

田坂　そうですね。ただ、この「内省日記」の技法と「心理カウンセリング」の技法、いずれの技法を使うとしても、その前提で、我々が、一つ、深く理解しておくべきことがあります。
それは、昔から語られてきた、次の言葉です。

人は、誰もが
自らを癒す力を持っている

――それは、とても励まされる言葉ですね……。

なぜ、他人に対して「嫌悪感」を感じてしまうのか

――しかし、「内省日記」という「こころの技法」によって、そういう心理的プロセスをたどっても、仕事や人生のトラブルなどで、どうしても、「あの人のせいだ」「あの人に原因がある」「あの人が許せない」といった思いが消えない場合には、どうすれば良いのでしょうか？

田坂　そういう心境になるときは、実は、自分の心の奥深くで、その人に対する「嫌悪感」が、どうしても拭《ぬぐ》えないのですね。その人が、どうしても好きになれないのですね。

そのときは、「内省日記」に、その人が好きになれない理由を、次々と書き出し

てみることです。特に、その人の「人間としての未熟さや欠点」と思えることを、主観的な思いで構わないので、やはり、ありのままに書き出してみることです。

――それは、容易にできそうな技法ですね……。

田坂　そうですね。しかし、「内省日記」によって、そうした書き出しをしていると、ときおり、ある真実に気がつくことがあります。

――何でしょうか？

田坂　その人が、自分に似ている……。

そのことに、気がつくときがあります。

なぜなら、人間関係において、我々が、誰か他人に嫌悪を感じるとき、しばしば、次の言葉が真実だからです。

「他者への嫌悪感」の本質は「自己嫌悪」である

すなわち、我々は、自分の中にある「嫌な面」を抑圧して外に出さないようにしていると、その抑圧した「嫌な面」を他人の中に見るとき、その人に対する嫌悪感が、増幅されてしまうのです。

——なるほど、「他者への嫌悪感」の本質は、「自己嫌悪」である……ですか。それは、認めたくないですが、認めざるを得ない真実かもしれませんね……。

田坂　私自身も、過去の様々な人間関係の経験を振り返ると、これが一つの真実であることは、認めざるを得ませんね……。おそらく、これは誰にとっても、しばしば、人生の真実なのでしょう。

そして、いずれにしても、我々の心の中に、「あの人のせいだ」「あの人に原因がある」「あの人が許せない」といった、誰かを非難する思いがあるうちは、その誰かに責任がある問題を、自分の責任として「引き受ける」ことは、なかなかできないのですね。

――なるほど……。では、我々が、「他者への嫌悪感」を抱いてしまった場合、どうすれば良いのでしょうか？「好きになれない」や「嫌いだ」という感情の問題は、どうしようもないのではないでしょうか？

田坂 いえ、世の中では、人間の「好き」や「嫌い」は、感情の問題だと思われていますが、必ずしもそうではありません。

他人を好きになるということは、実は、「感情の問題」ではなく、「意志の問題」なのですね。

――なぜ、そう言われるのですか？

田坂　面白いエピソードを紹介しましょう。

私が、大学院を終え、民間企業に就職し、入社後、新入社員の研修を受けたときのことです。

一週間の研修の最後に、その会社の人事部長が、職場への配属を明日に控えた、我々新入社員に、次のような話をしてくれました。

「君たちが、職場に配属になったら、
最初に、その職場を見渡しなさい。
次に、その職場で、自分が最も『嫌悪感』を抱く人を、
見つけ出しなさい。
そして、見つけ出したら、
その人を、好きになりなさい」

――なるほど……、深い言葉ですね……。

田坂　そうですね。このように、私が若い頃の日本企業の職場では、しばしば、「人を好きになれ」という言葉が、当たり前のように使われていました。

すなわち、当時は、「人を好きになる」ということは、「感情の問題」ではなく「意志の問題」であることが、当たり前のように理解されていたのですね。

ただ、当時、まだ若かった私は、この人事部長の話を聞いたとき、「大切な話だな」とは思いましたが、心の中で、「そうはいっても、嫌いな人を、そんなに簡単に好きになれるものではない……」と思ったのも事実ですが……。

「好きになれない人」を、好きになる技法とは何か

――たしかに、「人を好きになる」ということが、「感情の問題」ではなく、「意志の問題」であることは理解できるような気がするのですが、では、具体的には、どうすれば、「人を好きになる」ことができるのでしょうか？　やはり、嫌いな人、苦手な人というものは、どうしようもない気がするのですが……。

何か、効果的な「こころの技法」があるのでしょうか？

田坂　もとより、「人を好きになる」ということには即効的な技法は無いのですが、嫌いな人、苦手な人に対して、自分の感情をコントロールする技法は、あります。

この技法は、聞かれた瞬間に「そんな技法が、意味があるのか？」と思われる方

もいると思いますが、騙されたと思って実践されると、不思議なほど、自分の感情をコントロールすることができます。

――それは、どのような技法でしょうか?

田坂　心の中で、ただ、「有り難うございます」と祈る技法です。

すなわち、好きになれない人に対して、心の中で、その人の顔や姿を思い浮かべ、ただ、「有り難うございます」と唱える。それだけの技法です。

――そんなに簡単な技法ですか……?

田坂　そうです。簡単な技法ですが、これを行うと、不思議なほど、気持ちの中の何かが収まっていきます。それですぐ、その人のことを好きになれるわけではないのですが、その人に対する心の中の嫌悪感や否定的な感情が緩和されていきます。

ただ、ここで「祈る」という言葉を使いましたが、この対話の冒頭にも申し上げたように、この「祈る」という意味は、「神仏に対して祈る」といった「宗教的儀式」の意味ではありません。また、神社や仏閣で、願い事をするような「願望実現祈願」の意味でもありません。

ここで申し上げる「祈る」という技法は、ただ、心を静かな状態にして、起こった出来事や、出会った相手に対して、「有り難うございます」と心の中で唱えるだけの素朴な技法であり、ある意味で、日常、誰でも実践できる「瞬間瞑想」とも呼べる技法です。

しかし、この「祈る」という素朴な技法は、自分の心に働きかけ、心を静め、心を前向きにするためには、極めて効果的な「心理的技法」であり、「こころの技法」なのです。

――先生は、ここで、「祈る」ということを、「宗教的な儀式」ではなく、「心理的な技法」として言われているのですね?

田坂　そうです。ここで私が薦める「祈る」という技法は、姿勢を正し、呼吸を整え、心を静め、起こった出来事や出会った相手を心に浮かべ、ただ「有り難うございます」と心の中で唱えるだけの素朴な技法なのですが、実は、心を静め、心を前向きにするだけでなく、心の軸を定め、心を強くすると言う意味でも、極めて効果的な「心理的技法」なのですね。

さらに言えば、この「祈る」という技法は、自分の中に眠る能力を引き出し、隠れた才能を開花させる技法としても、極めて優れた「こころの技法」なのですね。

この「才能開花」の技法については、話題が逸《そ》れるので別の機会に述べたいと思いますが、ここでの話題、「好きになれない人」に対しては、次の「こころの技法」を薦めます。

好きになれない人に対しては
心の中で、その人の顔や姿を思い浮かべ
ただ、「有り難うございます」と祈る
それだけで、「嫌悪感」は薄らいでいく

ちなみに、私自身は、民間企業で営業と企画の仕事をしていた時代、営業のときは、顧客との商談の前に、心の中で、そのお客様に対して「有り難うございます」と祈ることを習慣にしていました。

また、社内での企画会議のときは、会議が始まる前に、やはり心の中で、参加者一人ひとりに対して、「有り難うございます」と祈ることを習慣にしていました。

これは、特に、商談相手の顧客が好きでなかったとか、企画会議のメンバーに好きになれない人がいたということではないのですが、こうしたことを「行《ぎょう》」にして、それを習慣にしていると、次第に、自分の感情をコントロールすることが容易になっていき、商談や会議に、いつも安定した心で臨めるようになっていきます。

――なぜ、そうした技法が、有効なのでしょうか？

田坂　「心身一如《しんしんいちにょ》」だからです。

仏教用語に、「心身一如」という言葉がありますが、その意味は、人間の「心」と「身」は、別々のものではなく、本来、一つだということです。従って、「心」が動けば「身」がついてくるのも真実ですが、逆に、「身」が動けば「心」がついてくるのも真実なのですね。

その一つの分かりやすい例が、「心」と「背筋」です。

すなわち、仕事や生活において、「心」が整うと、自然に「背筋」が伸びてくるのですが、「心」を整えて「背筋」を伸ばすことを習慣にしていると、いつか、「背筋」を伸ばすだけで、自然に「心」が整うようになってくるのですね。

そして、この「心身一如」の理《ことわり》は、実は、「心」と「言葉」との関係においても同様なのです。

我々は、一般には、「心」が「有り難い」と思うので、「有り難うございます」と言葉にするのですが、「心」が有り難いと思ったとき、「心」を込めて「有り難うございます」と口にすることを習慣にしていると、いつか、「有り難うございます」と口にする、もしくは心の中で唱えると、自然に「有り難い」という「心」になってくるのですね。

――　なるほど……、「心身一如」ですか……。

田坂　そうです。古来、「心」の在り方を根本的なテーマにしてきた宗教が、身体を使った「行」の実践、すなわち「修行」を重んじる理由は、まさに、この「心身一如」にあるのです。

なぜなら、「心」というものは、実は、それに直接働きかけることは、極めて難しいからです。

そこで、「心身一如」の理を活かし、「身」を正しく整え、「言葉」を正しく語ることによって「心」を整えることを行うのですね。

それが、「行」というものの、本来の意味なのです。

従って、この「行」というものは、身体の動きや、発する言葉は、素朴で、簡単なもので良いのですね。ただ、その「行」を日常の習慣として、何年も続けることが大切なのです。

――何年も……ですか？

田坂　そうです。少なくとも、三年。「石の上にも三年」と言いますから、三年、その「行」を続けると、必ず、「心」の状態が大きく変わり始めます。

私自身、先ほど述べたように、顧客との商談の前や、社内での企画会議の前に、「有り難うございます」と祈るという「行」を何年も続けてきましたが、明らかに、心の状態に、大きな変化が生まれてきました。

――それは、自分の感情をコントロールすることが容易になっていき、商談や会議にも、いつも安定した心で臨めるようになってきたということですね？

田坂　いえ、それだけではありません。こうした「行」を永年続けていると、商談や会議が、どれほど感情の高まるものになっても、不思議なほど、その奥に、静まった自分の心があり、その心が、顧客や会議参加者の心の動きを敏感に感じ取り、場の空気の変化を細やかに読み取れるようになっていくのですね。

すなわち、たとえ、心の中で「有り難うございます」と祈るという素朴な「行」でも、もし、それを三年、続けることができたら、我々の「心」には、想像を超えた変化が生まれるのです。

――それを、「修行」と呼ぶのですね……。

田坂　そうです。それを、まさに、年月をかけて「行」を「修」める、「修行」と呼ぶのですね。

なぜ、陰で「感謝」をすると、心が強くなっていくのか

――では、その「有り難うございます」と心の中で祈るという「行」を、永年の習慣にして続けるならば、我々の心には、他に、どのような変化が起こるのでしょうか？

田坂　最も基本的な変化は、明らかです。

心が強くなっていきます。

――それは、なぜ？

田坂　実は、先ほど、臨床心理学の河合隼雄さんの言葉、「人間は、自分に本当の自信が無いと、謙虚になれない」という言葉を紹介しましたが、河合さんは、同時に、次の言葉を述べられているのです。

人間は、自分が本当に強くないと、感謝ができない

――なるほど、「強くないと、感謝ができない」ですか……。

田坂　この言葉もまた、真実なのですね。

もちろん、表面的な言葉だけで、「有り難うございます」と言うことや、「感謝しております」と語ることは、誰にもできることであり、実際、世の中には、そうした表面的な「感謝の言葉」が溢れています。

しかし、誰かの目を意識して表面的な「感謝の言葉」を語るのではなく、誰も見ていないところで「誰かに感謝できる」ということは、「心の強さ」なのですね。

例えば、部下の田中君と鈴木君と共に困難なプロジェクトに取り組んでいるマネジャーが、夜道、一人で帰りながら、心の中で、「田中君も、鈴木君も、よく頑張ってくれるな……。有り難い……」と思う。

例えば、不況の中、社員と一緒に悪戦苦闘する中小企業の経営者が、朝起きたとき、「社員のみんな、よく俺のような未熟な社長に、ついてきてくれるな……。有り難い……」と思う。

例えば、ある家庭で、夫と妻が、互いに心の中で、「支えてくれて有り難う」と、相手に感謝している。

実は、このマネジャーも、経営者も、夫婦も、心が強いのですね。だから、陰で、部下や社員や伴侶に、感謝ができるのです。

逆に、心の弱い人は、誰かに感謝すると、ますます自分の弱さが曝《さら》け出されるような気がして、感謝ができないのですね。

――たしかに、自分自身を振り返って、若い頃は、周りに感謝ができなかったような気がします。もちろん、言葉では、周りの人に「有り難うございます」と言っているのですが、それは表面的なもので、陰で、心の中で感謝ができていたかと言えば、そうでは無かったですね。あれは、まだ、心が弱かった時代なのですね……。

しかし、この「心が強くないと、感謝ができない」ということと、「感謝すると、心が強くなっていく」ということが、どう、繋《つな》がるのでしょうか？

この二つの言葉は、逆の意味ですよね？

田坂 その理由は、先ほど申し上げたように、心には、「心身一如」の性質があるからです。

先ほど、「心身一如」の理は、「心」と「言葉」との関係においても同様であると言いました。すなわち、我々は、「心」が「有り難い」と思うので、「有り難うございます」と言葉にするのですが、逆に、「有り難うございます」と口にし、心の中で唱えると、自然に「有り難い」という「心」になってくるのです。

同様に、我々は、「心」が強くなれば、陰で「感謝」ができるのですが、逆に、陰で「感謝」をするという行を積むと、自然に「心」が強くなっていくのですね。

――なるほど……。陰で「感謝」をするという行を積むと、自然に「心」が強くなっていくのですか……。その行の要点は、「陰で」という部分ですね？

田坂　そうです。この行は、「誰も知らないところで、感謝をする」ということが要点ですね。そして、この行は、仮に、相手に対して「有り難い」と思えなくとも、まずは、心の中で、「○○さん、有り難うございます」と唱えるだけで良いのです。誰もいない場所であれば、口に出して語っても良い。

それを続けていると、次第に「心」が「有り難い」という感覚を持ち始めます。そして、自然に「心」が強くなってきます。

――それは、極めて実践的な技法ですね……。

先ほど、先生は、「騙されたと思って、やってみなさい」と言われましたが、これらの技法は、心の中で、一瞬でできる技法なので、私も、明日から、やってみようと思います。

田坂　そうですね。必ず、心の中に、何かの良き変化が起こります。もし仮に、やってみて何の変化も無かったとしても、そのことによる被害や損失は、何一つ無いですね。

――ところで、その「心身一如」の理は、先ほど述べられた、河合隼雄さんのもう一つの言葉、「人間は、自分に本当の自信が無いと、謙虚になれない」という言葉についても、当てはまるのでしょうか？

田坂　その通りです。我々は、心の中に「自信」が芽生えれば、自然に「謙虚」になることができるのですが、逆に、様々な物事に「謙虚」な姿勢で処するという行を積むと、自然に、心の中に、静かな「自信」が生まれてくるのですね。

――なるほど……、その「心身一如」の理は、様々な技法として応用ができるのですね。

田坂　そうです。だから、我々は、「感謝の行」や「謙虚さの行」というものを、「古い宗教的な修行」として敬遠するのではなく、心を真に強くし、静かな自信を身につけていく「新たな心理的な技法」、すなわち、「こころの技法」として、仕事や生活において、もっと積極的に活用していくべきなのですね。

どうすれば、「偶然の出来事」に「意味」を感じ取ることができるのか

——なるほど、古い仏教思想が語る「心身一如」の理は、「新たな心理的な技法」と結びついていくのですか……。とても興味深いですね。

しかし、先生が、ここまで話してこられたことは、自分自身に原因や責任のある出来事や、誰か他人に原因や責任のある出来事についてですね……。そうした出来事の「意味」を、どのように摑み、どのように解釈するか、そして、その出来事を、どのように「成長」の糧にしていくかについてですね……。

ただ、人生で起こるのは、自分や誰かに原因や責任のある出来事ばかりではないですね。人生では、全く偶然に、明らかに「不運」としか言いようのない出来事が

起こりますね。

例えば、突然の電車の事故で、重要な会議に遅れるとか、突然の怪我で、仕事ができなくなるとか、そうした全くの偶然によって起こった「不運な出来事」について、我々は、どうすれば、その出来事の「意味」を摑み、解釈することができるのでしょうか？


田坂　たしかに、普通に考えたら「不運な偶然」としか思えない出来事が起こったとき、その出来事の「意味」を摑み、解釈するのは、ある意味で「至難の業」です。

誰といえども、そうした出来事の前で、「なぜ、この最悪のタイミングで、この出来事が……」と嘆き、「なぜ、よりによって、自分がこの立場に立たされるのか……」と恨むような思いにもなるでしょう。

しかし、その瞬間こそが、人生の正念場。

その瞬間を越えてこそ、道が拓けるのですね。

――では、その「人生の正念場」に、どう処すれば良いのでしょうか？

田坂　これも、一言で申し上げましょう。

その偶然の出来事に「正対」する

そう処するべきです。すなわち、起こった「不運な出来事」を、「なぜ、この最悪のタイミングで……」「なぜ、よりによって、自分が……」といった後向きな姿勢で見つめるのではなく、前向きな姿勢で「正対」することです。

――「正対」するとは、正面からぶつかり、格闘して、乗り越える、といった意味ではないですね？

田坂　ええ、そうではありません。

「正対」するとは、一つのことを、心に定めることです。

人生で起こること、すべてに深い意味がある

そのことを、心に定めることです。

――それは、この対話の冒頭でも述べられたことですね……。では、そのことを心に定めると、何が起こるのでしょうか？

田坂　そのことを心に定めると、徐々に、起こった出来事の「意味」が見えてきます。すなわち、そのことを心に思い定めると、自分の中から「静かで賢明な自分」が現れ、その出来事の「意味」を感じ取り、深いレベルで「解釈」し始めるのです。

例えば、突然の電車の事故で、重要な会議に遅れたとき、最初は、「なぜ、よりによって、このタイミングで……」と嘆く気持ちが心を支配するのですが、「人生で起こること、すべてに意味がある」と心に思い定め、冷静に事態を見つめている

と、ふと、自分の心の奥深くから、「意味」が浮かび上がってきます。例えば、「ああ、この電車の事故は、最近の自分の仕事に対する姿勢の甘さを教えてくれているのだな……」「ああ、この電車の事故は、仕事が順調なので、どこか傲慢になっていた自分への警鐘だな……」といった「意味」が浮かび上がってくるのです。

——たしかに、仕事や生活での厄介なトラブルのときなど、当初は、慌てふためきますが、少し落ち着いてから振り返ると、そうした深いレベルでの「意味」が、心に浮かび上がってくることがありますね……。

田坂 そうですね。ただ、その「意味」は、必ずしも、出来事の「直後」に浮かぶものとは限りません。

例えば、現役時代、大関として活躍した、ある親方が、膝の故障で長期の休場を余儀なくされた苦難の時期を振り返り、次の味わい深い言葉で、その「意味」を語っています。

「絶好調に慢心していた、あの頃の私は、
挫折を、しなければならなかったのです。
あの挫折によって、
私は、多くのことを学びました」

このように、起こった出来事の「意味」が見えてくるのは、その出来事の「直後」とは限らないのですね。それなりの期間を経て、その「意味」が見えてくることもあります。

人生において挫折を体験し、悪戦苦闘をして道を歩み、挫折を乗り越え、その時代を振り返るとき、ふと、気がつくこともあるのです。

「あの挫折は、あの頃の自分の成長にとって、必要なものであった。
あの挫折があったから、大切なことを、学ぶことができた。
そして、その学びがあったから、今日の自分が、ある」

そんな風に、起こった「不運な出来事」を振り返り、その「意味」を感じ取ることもあるのですね。

――なるほど……。それなりの歳月を経て見えてくる「意味」もあるのですね……。いずれにしても、先生は、その「意味」を見出すためには、まず、その「不運な偶然の出来事」に「正対」する必要があると言われるのですね？

「人生で起こること、すべてに深い意味がある」と思い定め、その出来事に「正対」したとき、「意味」が見えてくると言われるのですね？

田坂　そうです。そして、「正対」するということは、「偶然の不運な出来事」だけでなく、「人間同士の不幸な出会い」においても、その問題を乗り越えていくための、極めて大切な「こころの技法」なのですね。

――「人間同士の不幸な出会い」とは？

田坂　仕事や人生においては、ときおり、意見が合わない人、好みが合わない人、好きになれない人、嫌悪を感じる人、自分に冷たい人、自分に攻撃的な人、一緒にいると不愉快になる人、一緒にいると苦しくなる人などと出会いますね。そして、そうした人とは、しばしば、意見や感情がぶつかったりすることがありますね。
それは、ある意味で、「人間同士の不幸な出会い」と思えるものですが、こうした出会いに対しても、「正対」することは、そうした人間関係の問題を乗り越えていくための、大切な「こころの技法」なのですね。

——　それは、なぜでしょうか？

なぜ、その人との「縁」を見つめると、人間関係が好転していくのか

田坂　なぜなら、仕事や人生において、人間関係がおかしくなるのは、実は、互いの意見や感情がぶつかったからではないからです。そうではなく、意見や感情がぶつかった後、互いの心が「正対」できなくなるからなのですね。言葉を換えれば、互いに「斜交《はすか》い」に相手を見るようになるからなのです。

例えば、「あの人の性格は、ああだから……」「彼は、所詮、自分中心にしか動かないから……」「彼女は、どうせ、言っても分からないから……」といった思いを互いに抱いてしまい、互いの心が「正対」できなくなるのですね。

――　そうした残念な人間関係は、職場でもしばしば見受けますが、人間関係に

「正対」するとは、どうすることなのでしょうか？――腹を割って話をするということなのでしょうか？

田坂　一般には、「腹を割って話をする」や「胸襟《きょうきん》を開いて話をする」ことが、人間関係がこじれたときの解決方法と言われます。たしかに、それは一つの有力な方法になることはあるのですが、実は、「腹を割って話をする」もしくは「胸襟を開いて話をする」ということの前に、必ず、するべきことが、この「正対」なのです。正確に言えば、その相手との「出会い」に「正対する」ことなのです。

――「出会い」に「正対する」とは？

田坂　次の一言を、心に思い定め、相手を見つめることです。

人生で出会う人、すべてに深い縁がある

すなわち、いかに気持ちがすれ違い、心がぶつかっても、その相手を、一方的に非難、否定するのではなく、「この出会いも、何かの深い縁だ」と思い定め、相手を見つめることです。それが、「出会いに正対する」ということの意味です。

――しかし、気持ちがすれ違い、心がぶつかった人を「深い縁だ」と思えるものでしょうか？

田坂　いや、静かに考えてみるならば、実際、それは「深い縁」なのですね。

いま、この地球上に八〇億の人々が生きている。しかし、その中で、我々の短い人生の中で、出会い、心が深く触れ合う人は、実は、百人にも満たない、本当にごく僅かな、一握りの人なのですね。そして、その中で、上司や部下になったり、友人や恋人になったり、夫婦や家族になるというのは、さらに稀有《けう》な出会いであり、「深い縁」なのですね。

そうであるならば、「顔も見たくない」「口も利きたくない」という気持ちになる出会いというのは、それもまた、「深い縁」なのですね。

――それもまた、「深い縁」ですか……。

田坂　そうです。もとより、この「縁」という言葉は、ただ、「人間同士の幸福な出会い」だけを意味している言葉ではないのです。そして、我々は、「幸福な出会い」だけによって人間として成長しているわけではない。「不幸な出会い」と思える出会いを通じても、人間と人生について深く学び、成長しているのですね。

そのことを理解するならば、「人生において出会う人、すべてに深い縁がある」という言葉の意味も、理解できるでしょう。そして、この言葉を心に思い定めて相手を見つめるとき、我々は、その人との「出会い」に「正対」しているのです。

――では、そのことを思い定め、「正対」したとき、何が起こるのでしょうか？

田坂　相手を、「一人の人間」として見つめることができるようになります。

――「一人の人間」として見つめる……ですか。それは、どういう意味でしょうか?

田坂　我々人間は、誰もが、人間としての未熟さを抱え、エゴという厄介なものを背負い、怒り、嘆き、苦しみ、悲しみながら、思うままにならない人生を、そして、限りある人生を生きているのですね。誰もが、精一杯に生きている。それが、人間の真実の姿であり、それは自分だけでなく、相手もそうなのですね。

そのことを理解し、相手を見つめるということが、相手を「一人の人間」として見つめるということです。

そして、我々は、誰もが、「一瞬の人生」を駆け抜けていく。

たとえ百年生きても、宇宙や地球の悠久の時の流れから見るならば、我々は、誰もが、「一瞬」と呼ぶべき短い人生を駆け抜けていくのです。

そうであるならば、この地上での人間同士の出会いは、その「一瞬」と「一瞬」

が巡り会う、「奇跡の一瞬」。

もし、我々が、そのことを理解するならば、人間の出会いを見つめるまなざしが、大きく変わるでしょう。

そのことで、相手に対する怒りや嫌悪が直ちに消えるわけではありませんが、心の中で、何かが変わり始めます。

だから、どうしても好きになれない人との出会い、苦痛を感じる人との出会いが与えられたとき、次の一言を、心の中で、呟《つぶや》いてみることです。

この人と出会ったことも、何かの深い縁
この縁にも、必ず、何かの深い意味がある
自分の成長にとって、必ず、深い意味がある

――なるほど……、「正対」するということは、「偶然の不運な出来事」においてだけでなく、「人間同士の不幸な出会い」においても、その問題を乗り越えていくための、大切な「こころの技法」になるのですね。

どうすれば、「静かで賢明な自分」が現れてくるのか

田坂　そうです。従って、人生において、「不運な出来事」や「不幸な出会い」と思えるものが与えられたとき、その出来事や出会いに「正対」するためには、まず、

人生で起こること、すべてに深い意味がある

人生で出会う人、すべてに深い縁がある

という二つの言葉を、心に抱くことです。

――その二つの言葉は、我々日本人には、なぜか、馴染みのある言葉ですね……。

田坂 そうですね。昔から、日本では、「天の配剤」や「天の導き」という言葉が語られ、「袖振り合うも、多生の縁」という言葉が語られてきました。

こうした言葉に象徴されるように、我々日本人の中には、「人生は、大いなる何かに導かれている」という感覚が、自然に根付いているのですね。

そして、この「大いなる何かに導かれている」という感覚を心に抱いたとき、我々は、心の軸が定まり、心が強くなり、迷いや不安を超えて、起こった出来事を、深いレベルで「解釈」することができるようになるのですね。

――「人生は、大いなる何かに導かれている」……ですか……。

田坂 そうです。ただ、この対話の冒頭でも申し上げたように、この世の中に、「大いなる何か」と呼ぶべきものが存在するのか、「神」や「仏」と呼ぶべきものが存在するのか、それは、誰も、科学的には、証明できないのですね。

だから、私は、「宗教的信条」として、「大いなる何か」が存在するから、それを信じるべきと申し上げているのではないのです。

あくまでも、人生の逆境を越えていくための「こころの技法」として、「大いなる何かに導かれている」という感覚を心に抱くとき、我々は、心の軸が定まり、心が強くなり、迷いや不安を超えて、起こった出来事を、深いレベルで「解釈」することができるようになる、ということを申し上げているのですね。

――あくまでも、そうした「人生に対する肯定的で積極的な心の状態」を実現するための、「こころの技法」として、言われているのですね？

田坂　そうです。まさに、その「こころの技法」として「人生は、大いなる何かに導かれている」という感覚が持てるならば、「不運」や「不幸」と思える出来事や出会いが与えられたときには、まず、「人生で起こること、すべてに深い意味がある」「人生で出会う人、すべてに深い縁がある」と思い定めることができるでしょう。そのことを通じて、その出来事や出会いに「正対」することができるでしょう。

――「正対」すると、何が起こるのでしょうか？

田坂　心の深くから、「静かで賢明な自分」が、語りかける声が聞こえてきます。

それは、その出来事や出会いの「意味」を語り、「解釈」を語る、心の奥深くの「もう一人の自分」の声です。

例えば、自分の耳に痛いことを言う人との出会いにおいても、最初は、「何と不愉快なことを言う、無神経な人だ！」と腹を立て、心が騒ぐ自分がいても、「人生で出会う人、すべてに深い縁がある」と思い定めることができるならば、その心の静まりと深まりの中で、「この人と出会ったのは、誰も教えてくれない自分の未熟さを、この人が、教えてくれようとしているのではないか……」という声が聞こえてきます。それは、心の奥深くの「静かで賢明な自分」が語りかけてくる声です。

だから、「不運な出来事」や「不幸な出会い」が与えられたときには、まず、その出来事や出会いに正対し、「静かで賢明な自分」の声に耳を傾けることが大切なのですね。

――なるほど……。しかし、その「静かで賢明な自分」が語りかける声に耳を傾けることの大切さは分かるのですが、やはり、我々は、目の前の「不運な出来事」や「不幸な出会い」に心を乱されてしまい、なかなか「静かで賢明な自分」の声に耳を傾けることができないと思うのですが……。

田坂　その通りですね。心が乱されているときというのは、我々の中の「小さなエゴ」が「なぜ、こんな出来事が起こったのか！」「なぜ、こんな人間に出会ったのか！」と、心の中で嘆き、叫んでいるのですね。その叫び声のため、心の奥深くの「静かで賢明な自分」の声は、掻き消されてしまうのですね。

――では、そうしたとき、どうすれば良いのでしょうか？

田坂　先ほど「好きになれない人を好きになる技法」のところで申し上げた「こころの技法」を、素朴に行じることです。

すなわち、「起こった出来事」や「出会った相手」を心に浮かべ、ただ「有り難うございます。」と祈ることです。姿勢を正し、呼吸を整え、心を静め、ただ「有り難うございます」と心の中で唱えることです。

――心の中で「有り難うございます」と唱える……、あの技法ですね……。

田坂　そうです。言葉を換えれば、心の中で「感謝」する技法です。

その「不運な出来事」や「不幸な出会い」に、無条件に「感謝」するという技法です。ただそれを行じるだけで、不思議なほど、心の中の「エゴ」の叫びが静まってきます。

――しかし、自分の心の中の「小さなエゴ」が、「なぜ、こんな出来事が起こったのか！」「なぜ、こんな人間に出会ったのか！」と嘆き、恨み、叫んでいるときに、そうした「有り難い」という心境や、「感謝」の心境にはなれないのではないでしょうか？

田坂　だから、「無条件に」と申し上げているのです。

自分の心の中の「小さなエゴ」が、何を嘆こうとも、何を叫ぼうとも、それに耳を貸さず、ただ、心の中で、「有り難うございます」と唱えることです。

起こった「不運な出来事」に対しては、「この出来事に感謝します。有り難うございます」と唱え、「不幸な出会い」に対しては、「この方との出会いに感謝します。有り難うございます」と唱えることです。

こう申し上げると、いかにも古めかしい「宗教的な儀式」や「宗教的な呪文《じゅもん》」のように思われるかもしれませんが、私は、あくまでも、「乱れる心」を静めていくための「心理的な技法」、すなわち「こころの技法」として申し上げています。

――なぜ、そのような素朴な技法が、効果があるのでしょうか？

田坂　何度も申し上げているように、我々の「心」と「言葉」は、「心身一如」の関係にあるからです。すなわち、

「心」が「言葉」を発するのではない
「発した言葉」が「心」を変える

という理があるからです。

そして、もう一つ、

我々の心の中の「エゴ」は
「感謝」を知らない

からです。

「エゴ」は、常に、「与えられていないもの」を見て、不満を抱きます。

そして、「エゴ」は、決して「与えられているもの」に感謝しない。

だから、「心身一如」の理に基づく「技法」や「行」が、意味を持つのです。

すなわち、まず「言葉」で感謝することによって、いや、感謝してしまうことによって、同じ方向に「心」が動き、「エゴ」の叫びが、静まっていくのです。

なぜ、「感謝」は、すべてを癒すのか

――その「感謝してしまう」という表現は、何か、的を射た表現ですね……。

田坂　そうですね。心の中の「小さなエゴ」が、どう嘆こうが、叫ぼうが、まず、「言葉」で感謝してしまうのですね。ときに、心の中の「小さなエゴ」の嘆きを、吹き飛ばすような思いで、「有り難うございます」と唱え、言葉で感謝してしまうのですね。

――「吹き飛ばす」という言葉も、何か、実感が湧きますすね。

田坂　この「感謝してしまう」ことの大切さは、例えば、冒頭で紹介した「米国で自動車事故を起こした男性」のエピソードにも示されているのですね。

日本から駆けつけ、病室に入るなり、旦那さんを抱きしめ、「あなた！　良かったわね！」と語った奥さん。

見事な姿であり、言葉ですが、実際には、この奥さんも、生身の人間です。

その心の奥深くには、やはり、「どうしてこんなことになったのか……」という「嘆き」もあったと思うのです。

しかし、この奥さんは、病室に入るなり、「あなた！　良かったわね！」と感謝の言葉を発した。魂を込めて発した。そして、魂を込めて発したその言葉によって、旦那さんの心を力強く励ましただけではなく、自分の心の中の「嘆き」を吹き飛ばしたのです。「失われたものへの嘆き」を吹き飛ばしたのです。「残されたものへの感謝」の言葉で、吹き飛ばしたのです。

まさに、文字通り、魂込めて、「感謝してしまった」のです。

人生の正念場において、この奥さんは、与えられた「不運の極み」と思われる出来事に対して、無条件に「感謝してしまう」ことによって、乗り越えたのです。

魂込めて「感謝」の言葉を発することによって、その最悪の「逆境」を乗り越えたのです。

――なるほど……、魂込めて、「感謝」の言葉を発したのですね……。

田坂　そうです。だから、こうした「人生最悪の逆境」に直面したときは、まず、無条件に「有り難うございます！」と「感謝」の言葉を発することです。魂を込めて、「感謝」の言葉を発することです。
もし、それができたなら、不思議なほど、心の奥深くから、力が湧き上がってきます。

――力が湧き上がってきますか……。

田坂　力が湧き上がってきます。
実は、私が、三四年前に、大病を与えられ、医者にも見放されたとき、自分自身の「生命力」と「治癒力」で、病を超え、戻ってくることができたのは、この「無条件に感謝する」という「行」によってでした。

大病を体験された方なら、お分かりになると思いますが、病の症状が悪化したとき、死の不安や恐怖が襲ってきたとき、心が自分を支えられなくなります。そのとき、私は、ただ一心に、「有り難うございます！」と心の中で唱えました。その不安と恐怖を吹き飛ばすように、何度も唱えました。ときに、声に出して唱えました。繰り返し申し上げますが、これは、何かの「宗教的な呪文」ではありません。

これは、病の症状とともに、様々な不安や恐怖が襲ってくるとき、弱った心を立て直し、心を強くし、目の前の病に「正対」するための「こころの技法」として申し上げているのです。

そして、この技法は、ただ「有り難うございます！」と心の中で唱えるという素朴な技法ですが、その「行」に徹するならば、ただ「強い心」を引き出すだけでなく、自分の中から「強い命」も引き出します。すなわち、「強い生命力」を引き出すのです。まさに、「有り難うございます！」と「力強い言葉」を語ることによって、「力強い生命力」を引き出すのです。

私が、あの大病から戻ってくることができたのは、心の中で、力強く「有り難うございます！」と唱えるという「こころの技法」によって、自分の中から、「強い心」を引き出し、「強い命」を引き出し、力強い「生命力」と「治癒力」を引き出すことができたからです。

――先生は、若き日の大病を、その「無条件に感謝する」という技法で乗り越えられたのですね……。

田坂　そうです。この技法によって、私は、病の不安と恐怖を吹き払い、自らの「生命力」と「治癒力」を最大限に引き出すことができたのですね。ただ、このことは、決して、現代医学による治療を否定しているのではありません。必要なときは、医学的治療を受けるべきです。しかし、たとえどれほど優れた医学的治療を受けても、やはり、病を治すのは、究極、患者の「生命力」と「治癒力」なのです。それが根本です。その意味で、この技法は、医学的治療を受けているときにも、極めて有効です。「感謝」の技法は、不思議なほど、我々の中から、「生命力」と「治癒力」を引き出すのですね。だから、昔から語られてきた次の言葉は、ある意味で、真実なのですね。

「感謝」は、すべてを癒す

ただ、この言葉の意味は「感謝の技法が、我々の中から、力強い生命力を引き出し、病気を癒す力となる」という意味だけではありません。「感謝の技法が、我々の中から、力強い生命力を引き出し、目の前の問題を解決し、目の前の逆境を越えていく力となる」という意味でもあるのです。

――それが、「すべてを癒す」という言葉の意味なのですね……。

田坂　そうです。この言葉は、「感謝」というものが、人生における「すべての問題」を解決していく、という意味でもあるのですね。そして、人生における「すべての逆境」を越えていく力となる、という意味でもあるのですね。

私自身、若き日の大病を、この「無条件に感謝する」という「行」によって乗り越え、戻ってくることができましたが、その後の人生において、様々な問題が与えられ、逆境が与えられたときも、この「無条件に感謝する」という「行」によって、それらの問題や逆境を乗り越えてくることができました。

その意味で、この「感謝は、すべてを癒す」という言葉は、「病」だけではない、人生のあらゆる「逆境」における、真実の言葉と思います。

なぜ、「病」とは、「良き知らせ」なのか

――なるほど……、先生が、その「無条件に感謝する」という技法を摑まれたのは、その「大病」の体験を通じてだったのですね……。

田坂　そうですね。私が、この「無条件に感謝する」という「こころの技法」を摑んだのは、三四年前に与えられた「大病」と「生死の体験」によってですね。

そして、私は、医者にも見放され、このままでは先が長くないという絶望的な状況の中で、人間としての「原点」を教えられました。

――人間としての「原点」とは？

田坂　それは、ただ一つの言葉です。

いま、生きている
それだけで、有り難い

世の中で、しばしば、「病気になって、健康の有り難さが分かる」という言葉が語られますが、実は、「大病になって、生命《いのち》の有り難さが分かる」のですね。

生死に関わる大病が与えられたとき、そして、死を目前にしたとき、人間は、「ああ、この命さえあれば、もう何もいらない！」という心境になるのですね。

そして、自然に、「いま、生きている」ことへの深い感謝の心が湧き上がってくるのですね。

それは、大病を体験した方なら、誰もが味わう心境ではないでしょうか。

それゆえ、昔から、一つの言葉が語られてきたのです。

病とは「福音」なり

すなわち、「病」とは、本来、悪しきものでも、厄災でもないのですね。

それは、本当は、「福音」、すなわち「良き知らせ」なのですね。


――「良き知らせ」……ですか？


田坂　そうです。人生には、「失ったとき分かる大切さ」というものがあります。その最たるものが、「健康」であり、「生命《いのち》」なのですね。

「病」というものは、その「健康」と「生命」の「かけがえの無さ」を知らせてくれるものであり、教えてくれるものなのですね。

そして、生命の「かけがえの無さ」を知るとは、我々の命というものが「奇跡のように与えられていること」を知ることであり、まさに「有り、難い」ことが与えられていることを知ることなのです。

――なるほど、「有り難い」とは、「有り、難い」ですか……。

田坂　そうです。生死に関わる大病を与えられると、まさに、「いま、生きている。それだけで、有り難い」という心境になるのですね。

そして、その心境になると、「このかけがえの無い命を、大切に使わなければ」という思いが溢れてくるのですね。

――先生は、その心境と思いを持って、戻ってこられたのですね……。その結果、ご自身の、何が変わられたでしょうか？

田坂　人生の密度が、全く変わりました。与えられた命、与えられた人生、与えられた一日一日を、精一杯に生きていこうという覚悟が定まったからです。

あの大病は、私に、その大切な「生き方」を教えてくれたのですね。

だから、まさに、「病」とは「福音」、すなわち、「良き知らせ」なのですね。

なぜ、「生死の体験」が、人間を大成させるのか

田坂　そして、この「生死の体験」という意味では、昔から経営の世界でも、次の格言が語られてきました。

経営者として大成するには
「三つの体験」のいずれかを持たねばならぬ
「戦争」か「大病」か「投獄」か

戦前から語られてきた、この格言が意味するのは、経営者として大成するためには、「生死の体験」を持たねばならぬということです。もとより「戦争」は、生き

る、死ぬの体験、「大病」は、当時、結核が「不治の病」だった時代です。そして、「投獄」は、戦前は「思想犯」で投獄されると、獄死したり、拷問で殺されることもあった。

――それは、小説『蟹工船』を書いた文学者、小林多喜二などの例ですね……。

田坂　そうです。いずれにしても、この言葉は、真実でしょう。戦後、一つの事業を成し遂げた経営者の多くは、戦争体験をしている。ダイエーを創業された中内㓛さんは、「突撃の一言で勇敢な人ほど死んでいった。私は、卑怯未練で生き残った。その無念の思いが、いまも私を流通革命に駆り立てている」と言って、事業に取り組んだ。住友銀行頭取を務めた小松康《こう》さんは、巡洋艦那智に水兵として乗っていて撃沈され、九死に一生を得て生き残った。

また、京セラやKDDIの創業者、稲盛和夫さんや、セゾングループの創業者、堤清二さんは、いずれも若き日に結核を患った。

そして、伊藤忠商事の会長を務めた瀬島龍三さんは、シベリア抑留一一年という投獄を味わった。

――その「生死の体験」を通じて、これらの経営者の方々は、何を掴まれたのでしょうか？

田坂　「命あるだけ、有り難い！」

その覚悟でしょう。

そして、人間、この覚悟を掴むと、強い。

いかなる出来事に遭遇しても、いかなる逆境がやってきても、「与えられていないもの」に対する不満よりも、「与えられているもの」に対する感謝が、心に浮かんでくる。

そうした人間は、強い。

――その「強さ」とは？

田坂　私が縁を得た、ある中小企業の経営者のエピソードを紹介しましょう。

この方も、戦争から戻ってきた方ですが、あるとき、会社が吹き飛ぶほどの深刻な問題が起こった。その問題を前に、熟練の経営幹部も蒼白になるなか、この経営者、何と言ったか。

「大変な問題が起こったな……。
だが、一つだけ言っておく。
命取られるわけじゃないだろう！」

その瞬間に、さすが熟練の幹部、みな顔つきが変わり、腹が据わった。

これが、「生死の体験」をした人間の「強さ」です。

――なるほど……、その強さですね……。

しかし……、平和な現代においては、「戦争の体験」をすることはできませんね。

またするべきでもないですね。「投獄の体験」も、現在は、思想犯のような投獄はないですね……。

田坂　だから、現代においては、「大病の体験」が与えられたとき、何を掴むか。それが分かれ道なのですね。

――分かれ道……ですか？

田坂　そうです。分かれ道です。

たしかに「病とは福音なり」という言葉は真実ですが、折角、「病」が与えられても、その「福音」の言葉、「良き知らせ」に気がつかない人も、決して少なくない。掴むべきものを、掴まない人も、少なくないのですね。

――では、その体験から、何を掴むべきなのでしょうか？

田坂　「死生観」です。

すなわち、人生において、「死」というものを、どう見つめるか。

与えられた「生」を、どう生きるか。

その覚悟です。


特に、経営者の方には、その「死生観」を持って頂きたい。

なぜなら、経営者とは、社員の「人生」を預かっている身だからです。

そうであるならば、自分の「人生」に対する覚悟、特に「死生観」を、深く摑んで頂きたいのです。確固とした「死生観」を持たない経営者に、社員は、自分の人生を預けることはできないでしょう。


――たしかに、そうですね……。では、田坂先生も、若き日に、その「大病の体験」を通じて、「死生観」を摑まれたのでしょうか？

ました。

なぜ、我々は、「いま」を生きていないのか

田坂　そうですね。私もまた、「大病の体験」を通じて「死生観」を摑ませて頂きました。

ただ、三四年前、医者から「もう長くない」と告げられたときは、文字通り、地獄の日々でした。世の中では、よく「悪夢のような」という言葉を使いますが、「悪夢」など、生易しい世界です。なぜなら、たとえ悪鬼に追いかけられようとも、夢から覚めれば、その悪鬼は消えますが、「病気」は、全く逆です。寝ている間は、その病気を忘れているから、まだ良い。夜中に目が覚めると、その病気こそが、現実です。医者からも見放され、自分の体が、刻々と死に向かって歩んでいる。夜中

に独り、その現実を見つめるということは、文字通り「足元が崩れ落ちていく」ような、地獄の日々でした。

しかし、そうした救いの無い日々の中で、両親から、ある禅寺に行くことを勧められました。

その禅寺は、不思議な寺であり、難病を抱えた方々が、その寺で何かを摑み、元気になって戻ってくるというのです。

当初、私は、「そんな怪しげな寺など……」と言って、行くことを拒んでいたのですが、病の症状が進行するにつれ、自分の心を支え切れなくなり、文字通り「藁《わら》にもすがる思い」で、その禅寺に行くことにしたのです。

しかし、行ってみた寺は、何か特殊な治療法があるわけでもなく、何か特別な宗教的儀式があるわけでもなく、ただ、毎日、健康への祈りを捧げ、自分の生命力を信じ、「献労」と呼ぶ、畑での農作業をするだけの寺でした。

ただ、その献労の初日、不思議な光景を目にしました。

私の隣で農作業をしている男性が、大声で「どんどん良くなる！」と唱えながら、鍬《くわ》を振り下ろしていたのです。しかし、その男性の足を見ると、腫れ上がっていて、明らかに腎臓を患っている人でした。

休憩時間に、「どうなさったのですか」と伺うと、その男性は、こう答えました。

「もう何年も医者にかかり、入院しても、良くならんのです。このままでは、家族が駄目になる。もう自分で治すしかない。そう思って、ここに来たのです」

その言葉を聞いて、私の中で、何かが変わり始めました。

「自分で治す」

「どんどん良くなる！」

その言葉が、私の心の中で響きながら、「自分の生命力を信じる！」「自分の生命力で治す！」という言葉になっていったのです。

そして、献労の何日目かに、全員で山の中腹にある畑の農作業に向かいました。その日は農機具当番であった私は、全員に鍬や鋤《すき》を渡し、農機具を片付け、皆よりも少し遅れて、鍬を肩に担ぎ、畑に続く坂道を登り始めました。

ところが、坂道を大きく曲がったところで、また、不思議な光景を見たのです。

献労の仲間である一人の老女が、鍬を杖にして、坂道を登っていたのです。見れば、足を患っているのか、片足を引きずりながら登っている。その体では、献労どころか、坂道を登ることさえ難しい。しかし、その老女は、ただひたすら、一生懸命に、坂道を登っているのでした。

一〇分以上前に登って行った仲間は、すでに畑に着き、農作業を始めている。しかし、この足取りでは、午前中の作業が終わる頃に、畑に着くのではないか……。

そう思った瞬間に、この老女の思いが伝わってきました。

「私は、自分の足で、この坂道を登っていく。

たとえ、畑に着いたとき、

農作業が終わっていようとも、構わない。

私は、自分の生命力を信じ、力を尽くし、登っていく」

その思いが、その覚悟が、伝わってきました。

私は、その老女の横を、心の中で手を合わせ、拝みながら、黙して通り過ぎていきました。

大切な何かを、教えて頂いた瞬間でした。

そして、この禅寺に来て九日目、献労の日々を通じて、少しずつ何かを摑んできた私に、ようやく、禅師との接見の時がやってきました。

夜の廊下を歩いて、部屋に入り、禅師と二人だけになりました。

「どうなさった」

その声の響きに、思わず堰《せき》を切ったように、私の抱えている病について、語りました。病の重いこと、医者から見放されたこと、もう長くはないこと……、切々と語りました。

そして、禅師の言葉を待つ一瞬。

しかし、禅師が語った言葉は、励ましの言葉でもなく、癒しの言葉でもなく、耳を疑う言葉でした。

しかし、それは、生涯、忘れることのない言葉でした。

「そうか、もう命は長くないか……。

だがな、一つだけ言っておく。

人間、死ぬまで、命はあるんだよ！」

耳を疑う言葉でした。
聞いた一瞬、当たり前のことを言われたように思える言葉でした。
しかし、短い接見を終え、帰りの廊下を歩いているとき、気がつきました。

「そうだ……。
自分は、すでに死んでいた。
死ぬまで命はあるにもかかわらず、
自分は、すでに死んでいた」

そのことに気がつきました。
そして、その瞬間、禅師が、「人間、死ぬまで、命はあるんだよ！」という言葉に続けて語られた、もう一つの言葉が、心に響いてきたのです。

過去は、無い
未来も、無い
有るのは、永遠に続く
いま、だけだ

いまを、生きよ！
いまを、生き切れ！

そうだ、それが人生の真実であるにもかかわらず、
自分は、「いま」を生きてはいなかった。

振り返れば、この数か月、
「どうしてこんな病になったのか」と、「過去」を悔いることに時間を使い、

「これからどうなってしまうのか」と、「未来」を憂うことに時間を使い、「いま」を生きてはいなかった。

帰りの廊下を歩きながら、そのことに気がついたのです。

そして、この接見が、私の人生の、最大の転機になりました。
なぜなら、この瞬間に、私は、「病」を超えたからです。

それは、「病」を克服したという意味ではありません。
逆に、「病」を受け容れたのです。

その日から、私の生きる覚悟が定まりました。

こう思い定めたからです。

「ああ、この病で、明日《あす》死のうが、明後日《あさって》死のうが、構わない。
それが、天の与える寿命であるならば、仕方ない。

しかし、この病のために、『いま』を失うことはしない。
病を悔いることに、時間を使うことはしない。
病を憂うことに、時間を使うことはしない。

いまを、生きよう！
いまを、生き切ろう！」

あの日から、そう思い定め、
「もう、自分の人生は、今日一日しかない」という覚悟を定め、
一日一日を、精一杯に、生きてきました。

そして、気がつけば、三四年の歳月が流れていました。
そして、気がつけば、抱えていた「病」が消えていました。

症状そのものは、それから一〇年の歳月、悪化したり、治まったりを繰り返しながら続きましたが、最後は、私の「生命力」が勝《まさ》ったのでしょう。

いつか、「病」は消えていきました。

なぜ、「今日が最後の一日」と思い定めると、才能が開花するのか

――なるほど……。先生は、若き日に、そうした「生死の体験」を通じて、「死生観」を摑まれたのですね……。

しかし、そうした「死生観」は、大病を患ったり、大事故に遭ったりして、極限の「生死の体験」をしないかぎり、摑めないものなのでしょうか？

田坂　いえ、「死生観」とは、本来、大病を患ったり、大事故に遭わなくとも、摑めるものです。

――それは、どのようにすれば、摑めるのでしょうか？

田坂　「人生の真実」を、見つめることです。
誰もが知っていながら、それを直視することを避ける、一つの「人生の真実」を、深く見つめることです。

――それは、どのような……？

田坂　一言で申し上げましょう。

人は、いつ死ぬか、分からない

この「人生の真実」を直視することです。
もとより、この真実を直視することは、決して楽ではない。
それは、大きな心の苦痛を伴うものです。

しかし、もし、我々が、この真実を直視することができれば、「生死の体験」をしなくとも、「死生観」は摑めます。

――たしかに、それは「人生の真実」だと思いますが……、やはり、誰といえども、その真実を直視することは苦痛であり、難しいのではないでしょうか……。

田坂　それが大きな苦痛であるからこそ、我々は、その真実を直視することを避け、一つの幻想に逃げ込もうとします。

それは、「平均寿命」という幻想です。

我々は、統計的に算出された「平均寿命」というものを心の拠り所にして、「自分も、その年齢まで生きることができる」「自分も、平均寿命からすれば、あと何年、生きることができる」という幻想を心に抱きます。

しかし、どれほど、そうした幻想に逃げ込んでみても、厳然たる「人生の真実」が目の前にあります。

誰にも、明日は、約束されていない

その事実です。

たとえ、平均寿命が八〇歳であるとしても、それは、統計的な数字に過ぎず、自分が八〇歳まで生きることを、誰も約束していないのです。

しかし、我々は、その真実から目を逸《そ》らそうとします。

さらに、忘れようとします。

その人間の姿を評して、「人類の文化とは、すべて、死を忘れるために生まれた」と語った思想家もいます。

また、だからこそ、ラテン語の言葉、「メメント・モリ」（死を想え・死を忘れるな）という警句が語られてきたのでしょう。

しかし、我々が、「人は、いつ死ぬか、分からない」「誰にも、明日は、約束されていない」という「人生の真実」を直視するならば、そして、その「死生観」を定めるならば、我々の中の、何かが開花し始めます。

――何が、開花するのでしょうか？

田坂　「才能」が開花し始めます。

「人は、いつ死ぬか、分からない」と思い定め、「いまを、生き切る」という覚悟で人生を歩むならば、自分の中に眠る「才能」が開花し始めます。

――「才能」が開花し始めるのですか……？

田坂　そうです。例えば、そのことを教えてくれた一人の人物がいます。世界中の誰もが彼の才能を称賛し、「天才」の名を欲しいままにした人物です。

彼は、五六歳という若さで亡くなり、世界中の人々からその死を惜しまれましたが、短い人生で、素晴らしい才能の開花を遂げた人物です。

その彼の「死生観」は、彼が、米国のスタンフォード大学で行った伝説的スピーチの中でも、見事に語られています。

「今日が、人生最後の日だったら、
自分は、このことをやりたいと思うか。
いつも、そのことを自分に問いながら、
歩んできました」

――アップル・コンピュータの創業者、スティーブ・ジョブズですね……。

田坂　そうです。実際、彼は、末期癌を抱えて、人生の最後の時期を歩んだわけですが、若い頃から、「明日、人生が終わりになるとしたら」という覚悟を持って歩んできたのですね。その覚悟が、彼の中から、素晴らしい才能を開花させたとも言えるでしょう。

――では、田坂先生も、その「死生観」を摑まれて、ご自身の中の才能が開花したと思われるのでしょうか？

田坂　天才、スティーブ・ジョブズとは比較すべくもないでしょうが、また、それほど僭越《せんえつ》な思いはありませんが、才能に恵まれた若者ではなかった私が、あの「生死の体験」を与えられ、「死生観」を掴み、「いまを、生き切る」という姿勢で歩み始めてからは、ささやかながら、自分の中の様々な可能性が開花し始めました。

――それは、先生が、ここ二〇年余りに、思想やビジョン、政策や戦略、経営やマネジメント、さらには、仕事や人生、志や人間力といった多岐にわたるテーマで著書を上梓されていることでしょうか？

田坂　たしかに、それも、私の中の可能性が開花した結果かもしれませんが、そもそも、私自身は、本来、研究者の道を歩んできた人間なのですね。それが、なぜか、企画・営業の道、シンクタンカーの道、戦略参謀や経営者の道、さらには、社会起業家の道、教育者や著作家の道と、様々な道を歩むことができ、それぞれの道で、ささやかながら、自分の可能性を開花させてくることができたのですね。

そして、この可能性の開花の背景にあるのは、先ほど述べた、私の「死生観」であり、「人は、いつ死ぬか、分からない」という覚悟であり、「いまを、生き切る」という姿勢であったかと思います。

――では、人間というものは、「死生観」を掴み、「人は、いつ死ぬか、分からない」という覚悟を定め、「いまを、生き切る」という姿勢で歩むならば、誰でも、その可能性や才能が開花していくのでしょうか?

田坂 そう思います。そもそも、現在の人類は、脳科学の世界でも、心理学の世界でも指摘されるように、誰もが、本来持っている能力の、ごく一部しか開花しないで人生を終わらせているのですね。ですから、もし、我々が、「死生観」を掴み、覚悟を定めて歩むならば、我々の中の様々な可能性と才能が開花し始めるのです。

――それが、「人は、いつ死ぬか、分からない」という覚悟ですね。

田坂　そうです。その覚悟を定めるだけで、自然に、「いまを、生き切る」という姿勢が身につき、必ず、自分の中の可能性や才能が、開花し始めます。

そのとき、さらに、もう一つの覚悟を定めることができるならば、見事です。

――もう一つの覚悟とは？

田坂　「必死」という覚悟です。

――「必死」という覚悟を言われるのは、しばしば、スポーツや仕事において「必死になれ！」と激励され、「必死」になると、我々の中から、思わぬ力が湧き上がってくるからですね？

田坂　たしかに、そういう意味もありますが、「必死」という覚悟は、もう少し深い意味なのです。

――というと……?

田坂　「必死」と書いて、何と読むでしょうか?

「必死」と書いて「必ず、死ぬ」と読む

もし、そうであるならば、我々人間は、誰もが「必死」ではないですか?


何か特殊な場面で「必死」にならなくとも、そもそも、我々は「必ず死ぬ存在」。

与えられた人生の時間が、あたかも「砂時計」の砂が落ちていくように、確実に過ぎ去っていく存在です。そして、いつやってくるか分からない「死」に向かって、日々、確実に、歩を進めている存在です。

すなわち、我々は、誰もが「必死」。必ず、死ぬ。

そして、その最期に向かって、かけがえの無い「時」が過ぎ去っていく。

そのことに気がつくならば、誰もが、与えられた日々を、与えられた時間を、精一杯に生きようとするでしょう。

そして、その生き方をするならば、我々の中に眠っている可能性は、必ず開花していきます。隠れている才能は、必ず開花していきます。

なぜ、「死生観」を掴むと、「直観」が鋭くなるのか

――なるほど……。すなわち、我々は、たとえ「生死の体験」が無くとも、「死生観」を深く掴めば、可能性や才能が開花していくのですね……。

田坂　そうですね。誰であろうとも、「死生観」を掴み、「人は、いつ死ぬか、分からない」という覚悟を定め、「いまを、生き切る」という姿勢を身につけるならば、逆境を越える力が湧き上がってくるだけでなく、我々の中の素晴らしい何かが、開花し始めますね。

――それは、「才能」が開花するだけではないのでしょうか？

田坂　「才能の開花」は、その「素晴らしい何か」の、始まりにすぎません。

――「死生観」を掴むと、「才能」だけでなく、何が開花するのでしょうか？

田坂　「直観」が鋭くなります。

――「直観」ですか……。それは、なぜ？

田坂　「死生観」を掴むと、心の中に「使命感」が生まれてくるからです。

そして、「使命感」を抱くと、「直観」が鋭くなるのです。

――なぜ、「死生観」を掴むと、「使命感」が生まれてくるのでしょうか？

田坂　「死生観」を掴み、「人は、いつ死ぬか、分からない」という覚悟を定めると、人間というものは、ごく自然に、自分に与えられた命の大切さ、命のかけがえの無さに、気がつくからです。そして、そのことに気がつくと、これも自然に、その大切な命、かけがえの無い命を、何に使うかを真摯《しんし》に考え始めるからです。

すなわち、「死生観」を摑むと、自然に、次のような意識が深まっていきます。

この与えられた命、かけがえの無い命を
素晴らしい何かのために使いたい

己一身のためでなく
世の中のために、多くの人々のために使いたい

そして、この意識が深まっていくと、それは、自然に、「使命感」と呼ぶべきものになっていくのです。

なぜなら、

「使命」と書いて、「命を使う」と読む

その言葉通り、「この与えられた命を、世の中のために、多くの人々のために、使いたい」という意識は、そのまま、「使命感」だからです。

——では、なぜ、「使命感」を抱くと、「直観」が鋭くなるのでしょうか？

田坂　「私心」が消えていくからです。

なぜなら、この「世の中のために、多くの人々のために」という意識が深まっていくと、これも自然に、「こうしたら自分に有利だ」とか、「どうすれば自分が得するか」といった自分中心の発想、「私心」が消えていくのです。言葉を換えれば、「私心」、すなわち「小我」が消えていき、「世の中のために、多くの人々のために」という「大我」が、心の中に育ってくるのです。

——なぜ、「私心」が消えていくと、「直観」が鋭くなるのでしょうか？

田坂　「直観」については、一つの名言があります。

「直観」は過《あやま》たない
過つのは「判断」である

すなわち、ある重要な意思決定において、最初に、何かの「直観」が働く。しかし、その後、色々な情報を集め、論理的に考えていくと、最初の「直観」とは異なる「判断」が生まれてくる。そこで、その「判断」に基づいて進むと、結果として、その意思決定を間違ってしまう。

仕事や人生においては、そうしたことが、しばしば起こります。
そして、その「判断」が過つ理由は、多くの場合、「こうしたら自分に有利だ」とか、「どうすれば自分が得するか」といった「私心」が働くからです。
言葉を換えれば、「小さなエゴ」によって、目が曇ってしまうからです。

――なるほど、我々の中の「私心」が、「直観」の目を曇らせてしまうのですね。逆に、「私心」が消えていくと、「直観」が鋭くなるのですね。

田坂　そうです。「死生観」を摑むと、心の中に「使命感」が生まれてくる。「使命感」を抱くと、「私心」が消えていく。「私心」が消えていくと、「直観」が鋭くなる。それが、「死生観」を摑むと、「直観」が鋭くなる理由です。

そして、我々が、「使命感」を抱くと、もう一つ、大切な力が身につきます。

人生の出来事の「解釈」を過たない。

その力が身につくのですね。

――人生の出来事の「解釈」を過たない……。それは、なぜでしょうか？

なぜ、「使命感」を持つと、出来事の「解釈」を過《あやま》たないのか

田坂　これも、一つのエピソードを紹介しましょう。

これは、戦後の時代のエピソードですが、ある人物が、世のためになる事業を起こしたいという「志」と「使命感」を抱き、貧乏な境遇ながら、一生懸命に働き、事業のための資金を蓄えていました。

しかし、不運なことに、ある日、留守中に、家に泥棒が入り、その資金を全部、盗まれてしまいました。

それでも、その人物は、決して挫けることなく、また一生懸命に働き、事業のための資金を蓄えました。

ところが、実に不運なことに、また、泥棒が入り、その資金を、すべて盗まれて

しまったのです。

そのとき、この人物は、その出来事を、どう「解釈」したか？

普通の人間ならば、この不運な出来事の連続の前で、「これは、この事業を諦めろということか……」と考え、そこで挫折してしまったでしょう。

しかし、この人物は、違った。

彼は、この出来事の前で、自分の心の奥深くから、この声を聞いたそうです。


いま立て！

いまをおいて他に、時はない！

いま立て！


その声に導かれ、この人物は、たとえ事業の資金が無くとも、事務所も持たず、設備も持たず、人も雇わず、とにかく、その「志」を実現するために、一人でその事業を始めたのです。

すると、その思いが通じたのか、その「志」と「使命感」に共感して、多くの人々がその人物の周りに集まり、それから数十年の歳月に、この人物は、素晴らしい事業を成し遂げたのです。

――なるほど、それは、戦後の日本で、実際にあった話ですね？

田坂　そうです。これは、実話です。
そして、このエピソードは、大切なことを教えてくれているのですね。

「使命感」を持つ人間は
逆境において
出来事の「解釈」を過たない

――たしかに、そうですね。普通の人間ならば、その事業を諦めたであろう状況において、この経営者は、決して諦めなかったのですね……。

田坂　そうです。しかし、このエピソードが教えているのは、ただ素朴に、「何があっても諦めるな」という教訓めいたことではないのですね。

　このエピソードは、二つの大切なことを教えてくれているのですね。

　一つは、出来事の「解釈」において、「解釈の軸」を持つことの強さです。

　そもそも、人生で起こった出来事を「解釈」するとき、そこには、様々な「解釈」があり得るのです。それらの様々な「解釈」の中で、一つの「解釈」を選ぶためには、その解釈の「基準」や「軸」を持つことが必要なのです。

　そして、「志」や「使命感」を持つということは、その「解釈」のための確固たる「基準」や「軸」を持つということであり、それが、「解釈を過たない」という結果に繋がるのです。従って、その「志」や「使命感」、すなわち、「基準」や「軸」が明確であり、それが揺らぐことが無ければ、仮に、この人物が、この事業を大きく方向転換するという選択であったとしても、この事業から撤退するという選択であったとしても、構わないのです。

もう一つは、「不運な出来事」が与えられたとき、「魂の強さ」を失わないことの大切さです。

この経営者の優れたところは、この出来事の前で、心が折れていない、心が弱っていない、心が逃げていない、というところなのです。この経営者は、この状況においても、決して「魂の強さ」を失っていない。それが素晴らしいところなのです。

――その「魂の強さ」とは、「意志の強さ」とは、違うのでしょうか?

田坂　違います。

「意志の強さ」とは、一般に、リーダーの条件や経営者の条件として語られるものですが、あくまでも「個人の意志」の強さを意味しています。

これに対して、「魂の強さ」とは、敢えて言えば、「大いなる何かに導かれている」という感覚に支えられた「強さ」なのです。そして、言葉の真の意味で「強い人間」とは、まさに、この意味での「魂の強さ」を持った人間なのです。

――その「大いなる何かに導かれている」という感覚に支えられた、「魂の強さ」を身につけるためには？

田坂　その「魂の強さ」とは、身につけようとして、つくものではないのです。敢えて言えば、それは、深い「使命感」を抱いたとき、自然に身につくものなのです。

なぜなら、まさに、

「使命感」とは、「大いなる何かに導かれている」という感覚のこと

だからです。

そして、もし、我々が、この「魂の強さ」を身につけるならば、さらにもう一つ、我々の中の素晴らしいものが開花していきます。

――何でしょうか？

田坂　「魂の強さ」は、「運気」を引き寄せるのです。

――「運気」ですか……。それは、なぜでしょうか？

田坂　もとより、「運気」というものは、現代科学でも、その存在が証明されているものではありません。その不思議が解明されているものでもありません。

しかし、古来、多くの人々が、この「運気」というものが存在することを信じ、特に、政治家、経営者、起業家、スポーツ選手、スポーツ監督など、分野を問わず、一流のプロフェッショナルは、「例外なく」といって良いほど、「運気」の存在を信じ、「運気」を引き寄せる「こころの技法」を身につけていました。

その「運気」を引き寄せる「こころの技法」については、これも、古来、様々なことが語られてきましたが、その中で一つ、最も基本的な「運気の条件」を述べている言葉があるのです。

それは、次の言葉です。

運気の強い人間は、「自分は運気が強い」と、心底、信じている

――なるほど……。しかし、それが、「魂の強さ」と、どう関わるのでしょうか？

田坂　先ほど述べたように、「魂の強さ」とは、「自分は、大いなる何かに導かれている」という感覚なのですね。そして、この「大いなる何かに導かれている」という感覚は、自然に、「大いなる何かに守られている」という感覚になり、それが、さらに自然に、「自分は、導かれ、守られているからこそ、運気が強い」という感覚になっていくからです。

――なるほど、その「自分は、導かれ、守られているからこそ、運気が強い」という感覚が、「運気」を引き寄せるのですね。

田坂　そうです。そして、先ほど申し上げたように、「使命感」もまた、「大いなる何かに導かれている」という感覚であり、それゆえ、「使命感」を心の深くに抱いた人間は、同様の意味で、「運気」を引き寄せるのですね。

なぜ、肉親を失ってから、最も深い「対話」が始まるのか

――さて、ここまで、人生における様々な「逆境」を越えるための「こころの技法」を伺ってきましたが、人生における最も辛《つら》い逆境として、肉親や最愛の人を失うということがありますね。

そのとき、我々は、いかにして、自らの心を支えることができるのでしょうか？

田坂　肉親や最愛の人を失うということは、誰にとっても、最も辛い体験ですね。

私自身、両親を見送ったとき、その最も辛い心境を体験しました。

実は、私の両親は、言葉に尽くせぬほど苦労の多い人生を歩みながら、私を育ててくれたのですが、その両親の姿を子供心に見ながら、私は、心の中で、「いつか、

この両親に、幸せな老後を送らせてあげたい」と思ってきました。

しかし、私に与えられた人生は、その両親に幸せな老後を送らせてあげることなく、看取ることでした。

特に、母は、六五歳の若さで他界しましたので、私にとって、その喪失感と無念の思いは、言葉にならないほど深いものでした。

その深さを思い知ったのは、実は、看取った病院でも、葬儀のときでも、四十九日のときでもありませんでした。

母を看取ってから何か月も経ったあるとき、会社の出張で、米国のシアトルに滞在し、仕事を終え、夜のシアトル市街を、一人、車で走っているときでした。

突如、心の奥底から悲しみが湧き上がり、車の中で、一人、叫ぶような思いで泣いたことを思い出します。

「ああ、この母を、幸せにしてあげたかった！」という思いと悲しみが、止めどなく溢れたからです。

「慟哭《どうこく》」という言葉の意味を、張り裂けるような悲しみとともに、身をもって知ったときでした。

しかし、こうした悲しみを味わったのは、私だけではないでしょう。人は、誰もが、肉親や最愛の人を失ったとき、こうした深い悲しみや喪失感を味わうのではないでしょうか。

しかし、そうした痛苦な「喪失の体験」を与えられた一人の人間として、申し上げます。

肉親を失ってから、最も深い「対話」が始まる

もし、読者の中に、肉親や最愛の人を失われた方がいれば、そのことを申し上げたいのです。

――肉親を失ってから、最も深い「対話」が始まる、のですか……。

田坂　そうです。もとより、それは、「現実の対話」ではありませんが、自分の心

の中で、肉親との「対話」が始まるのです。
それは、例えば、「ああ、母が、あのとき、自分に教えてくれようとしたのは、このことだったのか……」や「父が、あのとき語った言葉の奥には、この思いがあったのだな……」といった形での「対話」です。

――なるほど……、そうした「心の中での対話」ですね……。

田坂 そうです。また、何か、仕事や人生で、大きな問題に直面したとき、仏前の父母の写真の前で祈りを捧げると、自然に、「心の中での対話」が始まります。そして、写真というものは不思議なもので、そのときの自身の心境によって、父母の表情が、優しい表情であったり、喜びの表情であったり、悲しげな表情であったりするのですね……。
そして、こうした「対話」を続けていると、生前に一緒であったときには、決して交わすことのなかった、深い「対話」に向かっていくのです。

――深い「対話」とは？

田坂　私の場合は、人生の「生き方」についての対話です。自分なりに志や使命感を持って歩んでいるつもりですが、父母の写真の前にたたずむと、自然に、「この生き方で良いか」「この道を歩むので良いか」という自問自答が始まります。

そして、それが、自然に父母との対話となっていきます。

――先生は、そのご両親との対話を、いまも続けられているのですか……。

田坂　母が他界したのが一九九二年、父が他界したのが一九九五年、それから二〇年余りの歳月が経っていますが、父母との対話は、まだ続いています。そして、それは、私が人生の終わりを迎えるまで続くでしょう。

――それは、なぜ？

田坂　私には、一つの思いがあるからです。

昔から、次の言葉が、語られます。

一人の人間の生きたことの意味は
その人間の棺を閉じたときに定まる

しかし、私の中で、この言葉は、もう一つの言葉になっています。

一人の人間の生きたことの意味は
その人間が愛情を持って育てた人間の
棺を閉じたときに定まる

すなわち、私の父母の生きたことの意味は、まだ、定まっていないと思うのです。その意味は、人生の様々な苦労を背負いながら、父母が深い愛情を持って育ててくれた一人の未熟な人間が、その人生を終えるときに、定まると思っているのです。私が、この人生を終えるときに、定まると思っているのです。

そして、その思いが、私に、父母との対話を続けさせるのでしょう。

――その二番目の言葉は、先生だけでなく、誰にとっても真実ですね……。

田坂 そうですね。世に「恩返し」という言葉がありますが、父母だけでなく、人生で出会った恩師、有り難い上司や先輩、そうした自分を育ててくれた方々への「恩返し」とは、

究極、我々の「人生」こそが
我々を育ててくれた方々への「恩返し」である

と思うのですね。

我々が、ささやかながらも、思いを込め、願いを込め、祈りを込め、「一隅を照らす」人生を送ることができれば、その「人生」そのものが、この方々への「恩返し」なのですね。

日本には、「草葉の陰」という言葉がありますが、我々を深い愛情を持って育ててくれた方々の多くは、我々が自らの人生をたしかな足取りで歩むときには、すでに他界され、まさに「草葉の陰」から我々を見守ってくれているのですね。

その方々への「恩返し」は、我々の「人生」そのものであり、それゆえにこそ、その「恩返し」は、生涯をかけて行うべきものなのでしょう。

―― 先生が、数多くの著書のすべてにおいて、最後の謝辞で、ご両親への感謝の言葉を述べられるのは、そうした思いからなのですね……。

田坂 そうですね。しばしば、私の著書を読まれた読者の方から、聞かれます。

「先生は、最後の謝辞に、必ず、ご両親への感謝の言葉を書かれるのですね」

そう聞かれますが、実は、私は、あの謝辞の最後の数行、両親への感謝の思いを書くために、著書を書き続けているのです。

もとより、どの著書も、読者の方々に最高のメッセージを届けたいとの思いで、力を尽くし、心を込めて書いていますが、一方で、これらの著書は、生涯をかけた、私の両親への「恩返し」でもあるのです。

自分の人生の最期に、何が起こるのか

――では、いよいよ、この対話における、最も深く大切な、最後の質問をさせて頂きます。

我々は、自分の人生の最期を、どのような心境で迎えれば良いのでしょうか？

田坂　その質問は、たしかに、最も深く大切な質問ですが、残念ながら、あまり美しいことを申し上げることはできないのですね。

なぜなら、私は、例えば、エリザベス・キューブラー・ロス博士の人生の最期を思い起こすからです。

彼女は、精神科医として、四〇年余りに、数千人の人生の最期を看取ってきた人物であり、『死ぬ瞬間』という著書で、世界中に知られた方ですが、彼女自身が、病を得て人生の最期に向かっていった時期に、彼女に何が起こったか。

数千人の人生の最期を看取ってきたにもかかわらず、そして、その「死の瞬間」を冷静に見つめ、分析してきたにもかかわらず、彼女自身が人生の最期に向かったとき、病の苦痛から、嘆き、怒り、悲しみ、心が千々に乱れ、周りに当たり散らした姿が伝えられています。

ただ、このエピソードを知っても、私は、キューブラー・ロス博士への深い敬意を失うことはありませんが、ロス博士の最期の姿を知ると、私は、日本で伝えられる良寛禅師の末期《まつご》の言葉を思い起こします。

裏を見せ　表を見せて　散る紅葉《もみじ》

この句のごとく、我々は、人生の最期に向かうとき、それが突然の事故などによる最期でないかぎり、誰もが、こうした姿を見せるのかもしれません。

しかし、こうした苦悩の中で、ロス博士が遺された次の言葉が、我々に、大切なことを教えてくれます。

私は、いま、自分を愛することを、学んでいる

この言葉が教えてくれるのは、人生の最期に向かう時期においても、我々には、人間としての最も深い学びが待っているということです。

その時期の病との格闘、苦痛の中での嘆き、怒り、悲しみなど、すべての体験が、深い学びであることを教えてくれます。すべての体験が、人間としての成長の「最後の機会」であることを教えてくれます。

――その最期を迎える時期も、やはり、我々は、「人間としての成長」を求めて歩むべきなのでしょうか？

田坂　いや、「成長を求めて歩むべき」というよりも、「成長の機会がやってくる」のですね。

――しかし、そこで「人間としての成長」をしても、まもなく、「死」がやってくるのではないでしょうか？　すべてが「無」に帰していく、「死」がやってくるのではないでしょうか？

田坂　そうかもしれませんね……。

しかし、その「死」というものを、ロス博士は、感銘深い言葉で語っています。

彼女の著書、『続　死ぬ瞬間』の原題にもなっている言葉です。

Death : The Final Stage of Growth

「死」とは、「成長」の最後の段階である

その言葉です。

——「成長の最後の段階」ですか……。すると、「死」の後に、まだ、何かの「生」が続くのでしょうか？

田坂　それは、誰にも分からないのですね……。

かつてスウェーデンの海洋学者、オットー・ペテルソンが、九三歳で亡くなる直前、やはり海洋学者であった息子に残した言葉があります。

死に臨んだとき
私の最期の瞬間を支えてくれるものは
この先に何があるのかという
限りない好奇心だろう

この言葉を読むとき、「死」の彼方さえも、純粋な好奇心をもって見つめたペテルソンに、深い共感を覚えます。そして、この言葉が、「生」の最期に臨むとき、我々に、静かな勇気を与えてくれることを感じます。

しかし、それでもなお、「死」の彼方に何があるか、誰にも分からないのです。

――もし、「死」の彼方には、「無」しかないとしたら……、先生は、それでも「成長」を求められますか……？

田坂　……求めると思います……。

――それは、なぜでしょうか……？

田坂　チベット仏教に、「砂絵曼荼羅《まんだら》」というものがあります。

大切な儀式に際して、仏教の僧侶たちが、五色の砂を用い、七日間かけて、極彩色の曼荼羅を描くのです。

この「砂絵曼荼羅」の儀式においては、それを行う僧侶に、超人的な集中力と忍耐力が求められます。

僧侶たちは、驚異的な集中力と忍耐力によって、一つ一つの砂粒に全身全霊を込め、深い祈禱を捧げながら、この「砂絵曼荼羅」を完成させていくのです。

しかし、この儀式を終えたとき、チベット仏教の僧侶たちは、全身全霊を込めて完成させた「砂絵曼荼羅」を、一瞬にして崩してしまいます。そして、その砂を、川に流してしまうのです。

何日間もの長い時間をかけ、膨大な精神のエネルギーを注ぎ込み、心を込めて創り上げた、その曼荼羅を、何のためらいもなく、崩してしまうのです。そして、流し去ってしまうのです。

その「砂絵曼荼羅」の儀式を見ていて、感じるのですね。

そこには、我々の人生がめざすべき究極の姿が、ある。

全霊を込めて創り上げ
無心の境地で流し去る

人生というものの、その「絶対矛盾」の姿が、あると思うのです。

――「無心の境地で流し去る」……ですか……。

田坂　そうですね……。

私は、「死の彼方に何があるか」という、オットー・ペテルソンの好奇心にも共感を覚えるのですが、しかし、その思いの一方で、なぜか、まったく逆の思いが、心に浮かんでくるのですね。

自我というものを与えられ
多くの喜びとともに
多くの悲しみを味わった
この生が
最後に
無に帰していくことの
安らぎ

そして、その思いも、また、我々の最期の一瞬を支えてくれるのかもしれません。

―― 無に帰していくことの、安らぎ……ですか。

田坂　そうですね。「安らぎ」です……。

ただ、私は、その「人生の最期の一瞬」において、必ず、心に抱きたい「思い」があります。

それは、『未来を拓く君たちへ』や『人生の成功とは何か』という著書で書いてきたことですが、哲学者ニーチェが我々に投げかけた「永劫回帰の思想」から生まれてくる、「永劫回帰の問い」です。

——それは、どのような「問い」でしょうか？

田坂　我々が、何十年かの人生を歩み、いつか、その最期の一瞬を迎えるとき、我々の枕元に、一人の不思議な人物が立つのです。

そして、その人物は、我々に、この問いを、問うのです。

いま、一つの人生を終えようとしている、お前
もし、お前が
この人生と全く同じ人生を
もう一度生きよと問われたならば

「しかり」と答えることができるか

これは、まさに「究極の問い」。

これまでの人生で与えられた、すべての出来事を、苦労も困難も、失敗も敗北も、挫折も喪失も、すべての「逆境」を含め、「肯定」できるか、という問いです。

そして、これまでの人生で味わった、すべての思いを、あの辛さも苦しさも、嘆きも惨めさも、寂しさも悲しみも、すべての「苦悩」を含めて、「肯定」できるか、という問いです。

人生の最期に問われる、この「究極の問い」に対して、我々は、どう答えるか。

私は、「しかり」と答えたいのです。

自分の人生で与えられた、苦労や困難、失敗や敗北、挫折や喪失、辛さや苦しさ、嘆きや惨めさ、寂しさや悲しみ、すべてを含めて、自分の人生を振り返り、「最高の人生でした」と答えたいのです。

――その「逆境」も「苦悩」も、すべて含めて、ですか……。

それは、なぜ？

田坂　成長できたからです。

その「逆境」のお陰で、一人の人間として、成長できたからです。

その「逆境」があったからこそ、一人の人間として、成長できたからです。

そして、当時は「最も辛い逆境」と思えた、職業の挫折も、生死の大病も、肉親の喪失も、いま、振り返れば、そこには、すべて、深い意味があったからです。

大学で研究者の道を歩みたいと切望した一人の人間が、その道を断たれ、挫折し、自分では望んでいなかった、そして、自分には全く向いていないと思っていた、民間企業での営業の仕事に投げ込まれた。それも、同期の友人たちに比べ、七年も遅れて、実社会に出ることになった。

しかし、それが、私の中に眠っていた可能性を開花させてくれた。企画・営業の道、シンクタンカーの道、戦略参謀や経営者の道、そして、社会起業家の道、教育者や著作家の道、様々な道を拓いてくれた。

大病を患い、もう命は長くないと医者から告げられ、自分の足元が崩れ落ちていく感覚に苦しめられる、救いの無い地獄の日々を送った。そして、最後は、禅寺での献労の日々に救いを求めるしかなかった。

しかし、それが、私の中の「生命力」を引き出してくれた。そして、極限の状況においても自分を信じる「心の強さ」を引き出してくれた。そして、何よりも、すべての出来事、すべての出会いへの「感謝の心」を教えてくれた。

言葉に尽くせぬ苦労を背負い、自分を育ててくれた両親、いつか幸せな老後を送らせてあげたいと願っていた両親。その両親を、何の親孝行もできず、幸せな老後を送らせてあげることもできず、看取ることになった。その深い喪失感の中で、「慟哭」という言葉の意味を知った。

しかし、それが、両親との、最も深い「対話」の始まりであった。そして、その「対話」を通じて、自分の「人生」そのものが、両親への「恩返し」であることを心に刻むことができた。そして、その思いが、命尽きる最期の一瞬まで、「一隅を照らす道」を歩み続ける覚悟を定めてくれた。

いま、振り返れば、職業の挫折も、生死の大病も、肉親の喪失も、そこには、すべて、深い意味がありました。

それが与えられたときには、「不運な出来事」と思えたものが、何年もの歳月を越えて振り返るとき、それが、実は、「深い意味のある出来事」であり、「有り難い出来事」であったことに気がつくのです。

そして、その「感謝」の思いを持って見つめるならば、自分の人生において与えられた、苦労や困難、失敗や敗北、挫折や喪失、それら「すべての出来事」が、「深い意味のある出来事」であり、「有り難い出来事」であったことに気がつくのです。

もとより、両親を看取ったときの深い悲しみと喪失感は、いまも、消えることなく、心に残っています。

しかし、その出来事さえも、いまは、両親が、この未熟な一人の人間を、遠くから見守り、導こうとして、去っていったことのように思えるのです。

そして、そう思えるようになってから、人生で起こるすべての出来事が、この一人の未熟な人間を、育て、導き、何かを成し遂げさせようとしている、天の配剤のように思えるのです。

だから、私は、様々な「逆境」を与えられた人生を歩んできて、
その人生を振り返り、いま、心の底から、こう思えるのです。

人生で起こること、すべてに深い意味がある

人生で出会う人、すべてに深い縁がある

そして、この二つの言葉が、歳を重ねるにつれ、
私の中で、一つの言葉へと深まっていくのです。

人生で起こること、すべて良きこと

謝辞

最初に、編集者の石井高弘さんに、感謝します。
石井さんの真摯な眼差しに支えられ、この作品は生まれました。
また、ＰＨＰ研究所の中村悠志さんに感謝します。
中村さんとのご縁で、この新たな文庫版が生まれました。

本書へのコメントを頂いた、藤沢久美さんに、感謝します。
仕事のパートナーとして永い歳月を歩んできた、藤沢さんが、
世界を駆け巡り、様々な分野で活躍されている姿を見るとき、
共に越えてきた逆境も、大切な意味があったことを感じます。

そして、いつも温かく執筆を見守ってくれる家族、
須美子、誓野、友に、感謝します。
それぞれに、作品づくりの時代を迎えられたこと、

天の配剤を、有り難く思います。
今年の富士は、一二月を迎えても冠雪が少ないですが、
その不思議な風情の富士を背景に、
冬枯れの木立の中、時折、鹿の群れが駆け抜けていきます。

最後に、すでに他界した父母に、本書を捧げます。
自分が、この人生を終えるとき、父母の生きた意味が、定まる。
その思いが、いつも、目の前の逆境を越え、歩む力を与えてくれます。
そして、いつの日か、この人生を終え、ふたたび、懐かしい父母に会うとき、
お伝えする言葉は、すでに、定まっています。

お二人から贈って頂いた人生、それは、最高の人生でした。

二〇二四年一二月一九日

田坂広志

「人生」を語る

『未来を拓く君たちへ』(PHP研究所)
『いかに生きるか』(ソフトバンク・クリエイティブ)
『人生の成功とは何か』(PHP研究所)
『人生で起こること　すべて良きこと』(PHP研究所)
『逆境を越える「こころの技法」』(PHP研究所)
『すべては導かれている』(PHP研究所)
『運気を磨く』(光文社)
『運気を引き寄せるリーダー　七つの心得』(光文社)

「仕事」を語る

『仕事の思想』(PHP研究所)
『なぜ、働くのか』(PHP研究所)
『仕事の報酬とは何か』(PHP研究所)

「成長」を語る

『知性を磨く』(光文社)　『人間を磨く』(光文社)
『直観を磨く』(講談社)　『教養を磨く』(光文社)
『能力を磨く』(PHP研究所)『成長の技法』(PHP研究所)
『人は、誰もが「多重人格」』(光文社)
『なぜ、優秀な人ほど成長が止まるのか』(ダイヤモンド社)
『成長し続けるための77の言葉』(PHP研究所)
『知的プロフェッショナルへの戦略』(講談社)
『プロフェッショナル進化論』(PHP研究所)

「技法」を語る

『なぜ、時間を生かせないのか』(PHP研究所)
『仕事の技法』(講談社)　『意思決定 12の心得』(PHP研究所)
『経営者が語るべき「言霊」とは何か』(東洋経済新報社)
『ダボス会議に見る世界のトップリーダーの話術』(東洋経済新報社)
『企画力』(PHP研究所)　『営業力』(ダイヤモンド社)

主要著書

「思想」を語る

『死は存在しない』(光文社)
『生命論パラダイムの時代』(ダイヤモンド社)
『まず、世界観を変えよ』(英治出版)
『複雑系の知』(講談社)
『ガイアの思想』(生産性出版)
『使える弁証法』(東洋経済新報社)
『自分であり続けるために』(PHP研究所)
『叡智の風』(IBCパブリッシング)
『深く考える力』(PHP研究所)

「未来」を語る

『田坂広志　人類の未来を語る』(光文社)
『未来を予見する「5つの法則」』(光文社)
『目に見えない資本主義』(東洋経済新報社)
『これから何が起こるのか』(PHP研究所)
『これから知識社会で何が起こるのか』(東洋経済新報社)
『これから日本市場で何が起こるのか』(東洋経済新報社)

「経営」を語る

『複雑系の経営』(東洋経済新報社)
『「暗黙知」の経営』(徳間書店)
『なぜ、マネジメントが壁に突き当たるのか』(PHP研究所)
『なぜ、我々はマネジメントの道を歩むのか』(PHP研究所)
『こころのマネジメント』(東洋経済新報社)
『ひとりのメールが職場を変える』(英治出版)
『まず、戦略思考を変えよ』(ダイヤモンド社)
『これから市場戦略はどう変わるのか』(ダイヤモンド社)
『官邸から見た原発事故の真実』(光文社)
『田坂教授、教えてください。これから原発は、どうなるのですか?』(東洋経済新報社)

著者情報

田坂塾への入塾

思想、ビジョン、志、戦略、戦術、技術、人間力という
「７つの知性」を垂直統合した
「２１世紀の変革リーダー」への成長をめざす場、
「田坂塾」への入塾を希望される方は、下記のサイトへ。
http://hiroshitasaka.jp/tasakajuku/　（「田坂塾」で検索を）

田坂塾大学への訪問

田坂広志の過去の著作や著書、講演や講話をアーカイブした、

「田坂塾大学」は、広く一般に公開されています。訪問は、下記より。

http://hiroshitasaka.jp/college/　（「田坂塾大学」で検索を）

「風の便り」の配信

著者の定期メール「風の便り」の配信を希望される方は、
下記「未来からの風フォーラム」のサイトへ。
http://hiroshitasaka.jp/　（「未来からの風」で検索を）

講演やラジオ番組の視聴

著者の講演やラジオ番組を視聴されたい方は、

「田坂広志公式チャンネル」のサイトへ。（「田坂広志　YouTube」で検索を）

「田坂広志アカデメイア」への入学

「学校法人　２１世紀アカデメイア」の理事長・学長と
「２１世紀アカデメイア・グループ」の代表を務める田坂広志が、
「人間成長をめざす、すべての人々の学びの場」として開学した
「田坂広志アカデメイア」への入学は、下記より。
（入学金、学費等は不要）（「田坂広志アカデメイア」で検索を）
https://hiroshitasaka-akademeia.com/

著者略歴

田坂広志（たさか　ひろし）

1951年　生まれ。
1974年　東京大学卒業。
1981年　東京大学より工学博士（原子力工学）を授与。
1987年　米国シンクタンク Battelle Memorial Institute
　　　　客員研究員。
1987年　米国国立研究所 Pacific Northwest National Laboratories、
　　　　客員研究員。
1990年　日本総合研究所の設立に参画。
　　　　現在、日本総合研究所フェロー。
2000年　多摩大学大学院教授に就任。
　　　　現在、名誉教授。
2000年　シンクタンク・ソフィアバンクを設立。代表に就任。
2005年　米国 Japan Society より US-Japan Innovators に選出。
2008年　ダボス会議を主催する World Economic Forum の
　　　　Global Agenda Council のメンバーに就任。
2009年　TEDster として、毎年、TED 会議に出席。
2010年　４人のノーベル平和賞受賞者が名誉会員を務める
　　　　世界賢人会議 Club of Budapest の日本代表に就任。
2011年　東日本大震災と福島原発事故の発生に伴い
　　　　内閣官房参与に就任。
2013年　国内外から 8600 名を超える経営者やリーダーが集まり
　　　　「７つの知性」を身につける場、「田坂塾」を開塾。
2023年　学校法人２１世紀アカデメイアの理事長・学長に就任。
2024年　世界にネットワークを広げる教育・芸術・文化のイノベーター、
　　　　２１世紀アカデメイア・グループを創設。代表に就任。
著書　　『知性を磨く』『人間を磨く』『教養を磨く』『運気を磨く』
　　　　『田坂広志　人類の未来を語る』『目に見えない資本主義』
　　　　『人生で起こること　すべて良きこと』
　　　　『すべては導かれている』『死は存在しない』など、
　　　　国内外で 100 冊余。

本書をお読み頂き、
有り難うございました。

このご縁に感謝いたします。

お時間があれば、
本書の感想や著者へのメッセージを、
お送り頂ければ幸いです。

下記のＱＲコードから、
メッセージを、お送りください。

毎日、数多くの読者の方々から
メッセージを頂きますので、
すべての方に返信は差し上げられませんが、
小生が、必ず、拝読します。

田坂広志　拝

本書は、2015年8月にPHPエディターズ・グループより刊行された作品
（2017年12月にPHP文庫化）に、加筆・修正を加え、装いを新たに、
再度文庫化したものです。

PHP文庫　人生で起こること　すべて良きこと
逆境を越える「こころの技法」

2025年2月17日　第1版第1刷

著　者　田坂広志
発行者　永田貴之
発行所　株式会社PHP研究所
東京本部　〒135-8137　江東区豊洲5-6-52
ビジネス・教養出版部　☎03-3520-9617(編集)
普及部　☎03-3520-9630(販売)
京都本部　〒601-8411　京都市南区西九条北ノ内町11

PHP INTERFACE　https://www.php.co.jp/

組　版　株式会社PHPエディターズ・グループ
印刷所　株式会社光邦
製本所　東京美術紙工協業組合

ISBN978-4-569-90470-2

田坂広志の本

能力を磨く

ＡＩ時代に活躍する人材「３つの能力」

田坂広志 著

近い将来やってくる「ＡＩ失業」の嵐。その危機に備え、ＡＩに淘汰されない「３つの能力」を身につけ、磨く方法を、具体的に教える。ＡＩの脅威が、希望に変わる書。

田坂広志の本

成長の技法

成長を止める七つの壁、壁を越える七つの技法

田坂広志 著

なぜ、優秀な人ほど、成長が壁に突き当たるのか？　永年に渡って、多くのプロフェッショナルを育ててきた著者が語る、成長論の決定版。眠れる才能が、目覚める一冊。

田坂広志の本

人生の成功とは何か

最期の一瞬に問われるもの

田坂広志 著

人生における真の成功とは何か。お金や地位や名声ではなく、生き甲斐ある人生を送るための成功観を語った、著者渾身のメッセージ。「いまを生き切る」ための一冊。

田坂広志の本

仕事の思想

なぜ我々は働くのか

田坂広志 著

働くことの意味を、思想、成長、目標、顧客、共感、格闘、地位、友人、仲間、未来、というテーマを掲げて語った、二五年を超えて読み継がれる、永遠のロングセラー。

田坂広志の本

深く考える力

田坂広志 著

「深く考える」とは、自分の中の「賢明なもう一人の自分」と対話し、その叡智に耳を傾けること。類書に無い独創的な視点から、そのための具体的な五つの技法を語る。

田坂広志の本

なぜ、我々はマネジメントの道を歩むのか［新版］

人間の出会いが生み出す「最高のアート」

田坂広志 著

マネジメントとは、部下の人生に責任を負う困難な道。では、なぜ我々は、その道を歩むのか。四〇年の体験から生まれた至高の人生論とも呼べる深い思想。待望の復刊。

田坂広志の本

すべては導かれている

逆境を越え、人生を拓く　五つの覚悟

田坂広志　著

いかなる逆境においても、この五つの覚悟を定めるならば、必ず、逆境を越える力と叡智が湧き上がり、強い運気を引き寄せる。生死の体験を通じて掴んだ、迫真の思想。